浪潮云会计应用教程

牛艳芳　主编

中国财经出版传媒集团

经济科学出版社
Economic Science Press

图书在版编目（CIP）数据

浪潮云会计应用教程/牛艳芳主编 . —北京：经济
科学出版社，2018.11
ISBN 978 - 7 - 5141 - 9906 - 2

Ⅰ. ①浪…　Ⅱ. ①牛…　Ⅲ. ①会计学 - 高等学校 -
教材　Ⅳ. ①F230

中国版本图书馆 CIP 数据核字（2018）第 247731 号

责任编辑：于海汛
责任校对：王肖楠
责任印制：李　鹏

浪潮云会计应用教程

牛艳芳　主编

经济科学出版社出版、发行　新华书店经销
社址：北京市海淀区阜成路甲 28 号　邮编：100142
总编部电话：010 - 88191217　发行部电话：010 - 88191522
网址：www. esp. com. cn
电子邮件：esp@ esp. com. cn
天猫网店：经济科学出版社旗舰店
网址：http://jjkxcbs. tmall. com
北京季蜂印刷有限公司印装
787 × 1092　16 开　14.5 印张　270000 字
2018 年 12 月第 1 版　2018 年 12 月第 1 次印刷
印数：0001—2000 册
ISBN 978 - 7 - 5141 - 9906 - 2　定价：45.00 元

序　言

　　近年来在"双创"和"互联网＋"等国家战略的支持下，小微企业快速增长，并逐步成为中国经济社会发展的重要力量。各级政府部门也在"简政放权"，加大对小微企业的支持力度。同时，网上工商审批、网上报税、电子发票、互联网金融蓬勃发展，全社会的数字化转型进一步激发了小微企业上网、上云的旺盛需求。如何借助互联网让管理更简单，成为小微企业普遍关心的话题。

　　SaaS（Software-as-a-Service）是在 21 世纪开始兴起的一种完全创新的软件应用模式。伴随"互联网＋"创业大潮和云计算能力发展的推动，SaaS 模式的财务管理需求正在快速提升。财务 SaaS 是为企业财务部门提供量身定制的云计算服务，具备低成本、高弹性、高可用、安全合规的特性，帮助企业实现从传统 IT 向云计算的转型，为企业提供完整的"云端管理"的能力。

　　浪潮致力于为政府、企业用户持续提供安全、专业、全面的云服务。浪潮在云服务、大数据领域的优势与企业管理软件领域 30 多年的经验沉淀相结合下，成为浪潮服务企业的独特优势。作为最早的财务软件厂商，浪潮见证并推动了财务信息化的进程。早在 20 世纪 80 年代财政部推动会计电算化和"双甩"工作时，浪潮就率先推出了大型财务管理软件；2000 年在业界最早提出"集团财务"概念；进入互联网时代，最早定义了"财务云"。云会计是浪潮为小微企业研发的在线财务软件，充分利用互联网优势，颠覆传统记账模式和工作方式，打通企业业务、财务、税务、金融等环节，帮助企业管账、管货、管经营，打造一站式财税服务平台和云服务生态体系，让财税服务更智能，让生意经营更轻松，破解小微企业创新难、融资难、管理难等难题。浪潮云会计获得"小微企业在线财务软件用户推荐品牌"，列入 2017 年中央中小企业发展扶持计划，2018 年被工信部评为"中小企业首选服务商"。

　　《浪潮云会计应用教程》由浪潮集团与山东财经大学会计学院联合编撰，旨在帮助广大小微企业会计人员了解 SaaS 应用模式，用好在线财务软件，"上浪潮云 让会计易"，浪潮云会计将与您一起，让小微企业的会计工作变得越来越简单。

前　言

　　数字经济正驱动着新一轮的全球变革，企业信息化建设全面进入 3.0 时代，大数据环境下的业财一体化融合成为必然趋势，这也是企业迈向数字化、网络化、智能化的重要环节。目前，会计信息系统已发展到了基于云计算平台的云会计，它提供了便捷、智能、安全的会计服务，是中小型企业会计信息化发展的必然方向。2013 年 12 月，财政部颁布了新《企业会计信息化工作规范》，从保护会计资料安全完整和促进会计工作持续运行角度规定提供会计服务的软件厂商的职责，鼓励企业采纳会计软件服务。

　　当前，越来越多的软件供应商提出云会计战略布局，本教材中主要介绍的是浪潮集团推出的云会计产品。浪潮作为最早的财务软件供应商之一，见证了财务信息化 30 多年来的发展历程。浪潮最早定义了"财务云"，借助于国内领先的云计算、大数据平台优势，在 2017 年 4 月推出浪潮"易云"云会计平台，获得"小微企业在线财务软件用户推荐品牌"，并被列入 2017 年中央中小企业发展扶持计划，2018 年被工信部评为"中小企业首选服务商"。云会计虽然在软件市场上"风起云涌"，但在高校教学中仍难以见到其身影，以用友、金蝶为代表的 ERP 会计软件在高校会计信息化教学中仍占据主要地位。2017 年 5 月，我校会计学院与浪潮云会计密切合作，探索云会计在毕业模拟实习中的应用，实现了云会计在高校教育中的"破冰"。它旨在帮助财会专业学生顺利完成毕业模拟学习，不仅可以使学生在教室、自习室、宿舍等不同场所随时随地通过智能终端完成学习任务的需求，还可以帮助因毕业实习在外无法返校的学生完成实习的任务。学生可以充分利用碎片时间，随时随地完成实习任务，大大提高了学生的学习效率和实操水平，解决了以往使用传统财务软件只能在教室、机房等固定场所上机操作的弊端，取得了较好的实习效果。

浪潮云会计功能扩展迅速，不仅可以实现标准化的会计核算，还扩展到适于商贸类型的云进销存管理，实现了进销存与会计核算的完美对接，已然成为小型云端 ERP 软件，这也是本教材编写的主要内容。本教材从筹划、编写、修订、录频，历经近半年多时间，在浪潮云会计部的大力协助下得以完成。全书以软件操作为主，涵盖浪潮云会计平台的会计核算、进销存两大部分，辅以简单、易用的辅助资料，方便中小企业用户快速上手云会计，也可以作为高等财经院校本科生、高职院校学生教材使用。

本书主要由牛艳芳副教授总纂并定稿，写作过程中得到朱传宝副教授、孔丽花副教授、滕晓东副教授等多位老师的协助，他们为本书提供了部分重要素材及编写建议；还得到浪潮云会计部李民总经理和徐齐、李晶（用户运营部经理）的大力协助；最后还要特别感谢研究生孙瑜、王蕾、王硕、路乐、赵珺在校稿、截图方面的帮助。

由于作者水平有限，本书难免有不妥和疏漏之处，请读者批评指正，以备后续加以完善。

牛艳芳

2018 年 9 月 6 日

目 录

第一章

云会计概述

教学目的及要求:

本章主要介绍会计信息系统相关概念,通过这些概念了解会计信息系统的发展变迁及其功能;进一步了解云会计与传统会计软件的区别与联系;了解云会计优点和应用时的注意事项。

第一节　会计信息系统相关概念

信息技术进入会计领域后产生许多概念,如会计电算化、会计信息化、会计信息系统,等等。本节通过对这些概念的梳理归纳,有助于后续了解云会计的产生和特点。

一、会计电算化

20世纪50年代,西方国家出现电子数据处理会计(EDP会计,Electronic Data Processing Accounting)或电子计算机会计(Computer Accounting),该阶段主要是利用计算机协助进行会计数据的计算,数据不能单独使用,也不能够离开相应程序而被其他的程序所调用,仅仅是代替人工进行给定数据的计算而已。我国会计电算化出现较晚,1981年8月,财政部、中国会计学会、中国人民大学、长春第一汽车制造厂联合召开"财务、会计、成本应用电子计算机专题讨论会",这次会议是我国会计电算化理论研究的里程碑,会上正式提出了会计电算化的概念。

会计电算化有狭义和广义的区别。狭义的会计电算化是指在单位内部以计算机为主体的当代电子信息技术在会计工作中的应用,即利用会计软件指挥计算机设备完成会计工作,包括记账、算账、报账,以及对会计信息的分析、预测和决策等。广义的会计电算化是指与实现会计工作电算化有关的所有工作，包括会计电算化的宏观规划、会计电算化的制度建设、会计电算化软件的开发和应用、会计电算化软件市场的培育和发展、会计电算化人才的培养等。

初级会计电算化仅仅是信息技术和会计相结合的初级阶段，围绕记账凭证、账本和会计报表进行设计和研发，只是财务部门内部一个独立的系统，与生产、库存、采购和销售等其他部门的充分融合还未实现，彼此仍然是相互独立的系统，缺少信息共享机制，这些显然不能够适应现代企业整体信息化建设的要求。

二、会计信息化

1999 年 4 月，深圳举行了首届会计信息化理论专家座谈会并提出了从"会计电算化到会计信息化"的发展方向，明确提出了会计信息化概念。2013 年 12 月财政部颁布的《会计信息化工作规范》中指出，会计信息化是指利用计算机、网络通信等现代信息技术手段开展会计核算，以及利用上述技术手段将会计核算与其他经营管理活动有机结合的过程。会计电算化解决了利用信息技术进行会计核算和报告工作的问题，是会计信息化的初级阶段；而会计信息化在会计电算化的基础上集成管理企业的资源和信息，是会计电算化发展到高级阶段的必然结果。会计电算化向会计信息化方向发展，概括地说，经历了三次发展浪潮：

1. 第一次发展浪潮（1979 ~ 1996 年）

20 世纪 80 年代开始在计算机和局域网技术产生后，为企业开创会计信息化事业提供了必要的硬件环境，掀起了我国会计信息化事业的第一次发展浪潮，实现了从传统手工账向初级会计信息化的转变。

2. 第二次发展浪潮（1997 ~ 2007 年）

随着我国改革的纵深发展，互联网的出现和应用提供了企业级信息应用的 IT 环境，特别是 ERP 的兴起，产生了比传统部门会计软件更加完备、集成的企业信息系统，掀起了我国会计信息化的第二次发展浪潮。

3. 第三次发展浪潮（2008 年至今）

伴随互联网、大数据、云计算等新技术的兴起，会计信息化步入了以标准化、知识化、智能化为标志的大数据会计时代，这也是会计信息化第三次浪潮的变革时代。新颁布的《企业会计信息化工作规范》中就提到提供云会计服务的云会计，以进一步推动企业会计信息化步伐。

三、会计信息系统

会计信息系统（Accounting Information System，AIS），是指利用信息技术对会计数据进行采集、存储和处理，完成会计核算任务，并提供会计管理、分析与决策相关会计信息的系统。其实质是将会计数据转化为会计信息的系统。AIS 与会计信息化有许多类似之处，会计信息化强调企业运用现代信息技术对传统会计系统进行重整、改进，建立信息技术与会计学科高度融合的、充分开放的现代信息系统的过程，AIS 则强调人机交互的完整系统。本部分从 AIS 演变、功能管理层次和 AIS 结构的角度来更好地理解 AIS。

（一）信息集成视角下的 AIS 演变

信息集成是"来源唯一，实时共享"的概括，来源唯一是指一个部门、一个员工从一个应用程序录入，减少重复劳动，避免差错；实时共享是指数据统一存入数据库，只有经过授权的人员才可以实时获取变化后的信息。该视角下 AIS 可以分为部门内集成、企业内集成和企业间集成。

1. 部门内集成

初始阶段的会计电算化可以认为是部门内集成的 AIS。此阶段 AIS 基于经济事件的财务影响，强调信息的准确性，要求按照特定规则、在特定时机、采用特定方法，记录那些改变组织的资产、负债或所有者权益构成的业务事件数据，主要功能是实现会计核算的自动化；在物理上，基本独立于其他部门的信息系统，因此只能提供事后的统计、分析和评价。

2. 企业内集成

此阶段的信息系统特点是过程集成，其中企业资源计划（ERP）最具代表性，可以在功能上实现企业内部产、供、销及财务的信息集成。ERP 不以编制财务报表为目标，AIS 能够和其他业务执行系统融为一体。在业务发生时，AIS 实时采集详细的业务、财务信息，执行处理和控制规则，因此实现了企业内信息集成。

3. 企业间集成

此阶段的 AIS 不仅要实现企业内部过程集成，还要实现企业间的过程集成，这必须借助强大的网络设施把企业业务、客户、供应商紧密联结在一起，甚至包括银行、税务等外部信息系统的信息交换、协作。此阶段功能的实现远非传统 ERP 可以实现，必须依赖新兴的云计算才能得以实现。

（二）按功能和管理层次 AIS 分类

按照 AIS 提供的功能和管理层次高低，可以分为会计核算系统、会计管理系统和会计决策支持系统。

1. 会计核算系统

会计核算系统是会计信息系统的基础。其主要功能是处理传统财务信息，并向会计管理系统和会计决策支持系统提供来自企事业单位经济事项的最原始的会计核算数据，如账务处理、工资核算、材料核算、成本核算、固定资产核算和销售核算等。

2. 会计管理系统

会计管理系统是会计决策支持系统的基础，是会计信息系统的中间层次。其主要作用是在核算处理的基础上根据会计决策支持系统的会计决策信息完成对资金、成本、销售收入和利润等方面的管理和控制，并将决策执行的结果反馈给会计决策支持系统，充分发挥会计信息系统的监督、管理和控制职能，如资金管理子系统用来对资金的使用、周转控制和分析。

3. 会计决策支持系统

会计决策支持系统建立在前两个层次之上，是会计信息系统的最高层次。由于各组织的实际情况和管理水平差别很大，因此每个组织对会计决策支持系统的要求也有很大不同，但其基本功能是帮助会计问题的决策者进行科学的经营决策和预测工作，主要包括长短期投资预测、风险预测与控制、利润预测、不同情况下的投入产出预测和决策等。

（三）AIS 构成要素

任何阶段的 AIS 都是人、计算机硬件和软件的结合，构成要素包括硬件、软件、人、规程和数据。

1. 硬件

硬件是指实现数据的输入、处理、输出等一系列基本设备，例如一般必备的输入设备是键盘和鼠标，必备的输出设备是显示器；处理设备主要是指计算机主机。

2. 会计软件

AIS 的存在离不开会计软件的支持。凡是具备相对独立完整的会计数据输入、处理和输出功能模块的软件，如账务处理、固定资产管理、工资管理等，均可以视为会计软件。企业配备会计软件的传统方式包括购买通用软件、自行开发、委托外部单位开发、企业与外部单位联合开发。伴随云计算技术的成熟，软件供应商能够以软件服务的方式提供给用户所需的会计软件服务，按照"按需使用"收费，这也是本书后续重点介绍的"购买软件服务"的云会计。

3. 人员

会计信息化的人员主要是指会计软件使用及维护人员，如果是自行开发还包括开发人员。对于云会计而言，企业只是云会计软件的使用者，维护人员和开发人员皆由云会计供应商负责。

4. 规程

规程包括各种与会计有关的法令、条例、规章制度。主要包括两大类，一类是政府的法令、法规，除了有关会计的一般性法规外，还有一部分专门针对会计信息化的规范，例如，《企业会计信息化工作规范》是当前指导我国会计信息化工作的重要指南。

5. 数据

会计信息系统的重要任务是提供会计信息，会计信息通常以数据形式存在，包括会计信息、数据库、数据文件、文本文件等。

第二节　ERP 中的会计信息系统

ERP 是企业信息化过程中比较有代表性的集成信息系统，AIS 则是 ERP 中的重要子系统。本节通过对 ERP 中的 AIS 特征梳理，有助于了解云会计的特点。

一、ERP 简介

ERP 是英文 Enterprise Resource Planning（企业资源计划）的简写，是指建立在信息技术基础上，以系统化管理思想为企业决策层及员工提供决策运行手段的管理平台。ERP 经历了从简单、局部应用到高级、全面解决管理问题的发展历程，包括基本 MRP 阶段、闭环 MRP 阶段、MRPII 阶段和 ERP 阶段。其管理侧重点也从原先的侧重于物流（原料、产品）扩展到物流与资金流相结合，进而再扩展到物流与信息流结合在一起。ERP 系统集信息技术与先进的管理思想于一身，成为现代企业的运行模式。它整合了企业管理理念、业务流程、基础数据、人力物力财力、计算机软硬件及通讯、网络技术在内的一体化的企业管理系统。

二、ERP 中的会计信息系统

主流 ERP 系统是整合了企业管理理念、业务流程、基础数据、人力物力、计算机硬件和软件于一体的管理信息系统，这些模块本身就是集成体，它们互相之间又有相应的接口，能够很好地整合在一起对企业进行管理，AIS 是其中最重要的子系统。ERP 系统基本功能如图 1－1 所示。

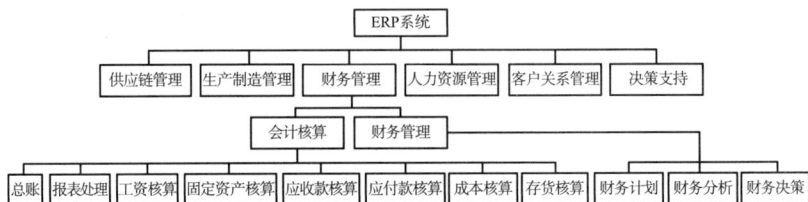

图 1－1　ERP 功能结构

ERP 中的 AIS 具有以下特点：

（1）集成性。ERP 系统采用集成管理技术，实现了财务与生产、采购、销售、库存等环节的紧密联系、无缝连接。例如，采购，从填制采购订单开始，在开入库单时，系统自动进行账务处理，自动生成记账凭证传递到财务部，财务人员可以自动审核、记账，也可以人工干预，但数量、种类等必须与采购部门和仓库一致，这就保证了账务处理的一致，财务数据随经营活动实时进入系统，动态地反映了企业的经营情况，全方位地反映、控制和优化企业的资源。

（2）会计信息采集功能分散到各个业务流程中去完成。因其具有集成性，企业所有与财务活动相关的部门自然地成为会计信息的采集部门。从这些部门采集的信息通过系统各业务流程上的端口进入系统数据库，并自动完成信息的加工和输出。

（3）财务与业务处理的实时一致性。在业务发生时，ERP 系统可以自动执行会计业务模块，能够在业务发生时实时采集详细的业务或财务信息，执行处理和控制规则等。这就做到了财务与业务系统的信息源完全一致，其唯一性确保了财务信息的真实、实时、完整，使得会计部门的工作重心向会计信息的再开发和再利用方面转变，变被动的信息提供服务为主动的决策支持服务，能更好地发挥其自身的创造性和主动性。

需要注意两点：一是 ERP 可以对软件进行裁剪确定其处理流程及程序控制，即根据企业的实际情况，自行选择、设定每个子系统中哪些模块必须执行，哪些可以不执行。如果用户只选择了使用 ERP 系统中的总账模块，这与面向传统核算的会计软件并无太大差异。二是当前大中型企业、集团在信息化过程中，实施了许多包括 ERP 在内的外围系统，存在比较严重的"信息孤岛"现象，在大数据集成的要求下，特别是对大型企业，地域分布广、分支机构与核算层级众多的企业集团来说，必须为将来整合做好准备，此时财务共享就成为 AIS 发展的必然趋势，在此不做过多阐述。

第三节　云计算下的会计信息系统

2015 年 7 月 4 日，国务院印发《国务院关于积极推进"互联网＋"行动的指导意见》，标志着我国全面开启"互联网＋"时代的大门，大数据、云计算、移动互联网等新兴技术的有力发展，也给会计行业变革与发展带来前所未有的新挑战。云会计就是云计算技术与会计软件的深度融合，有效推动了小微企业会计信息化的进程。本节主要介绍云计算概念、云计算环境下的云会计应用场景、云会计特点和应用注意事项。

一、云计算简介

（一）云计算概念

云计算（Cloud Computing）作为一种新型的计算和商业模式得到了越来越多的推广和应用。按照美国国家标准与技术研究院给出的权威概念，它是一种按使用量付费的模式。这种模式提供可用的、便捷的、按需的网络访问，进入可配置的计算资源共享池（资源包括网络、服务器、存储、应用软件、服务等），这些资源能够被快速提供，只需投入很少的管理工作，或与服务供应商进行很少的交互。一句话概括，云计算是基于互联网的相关服务的增加、使用和交付模式。

（二）云计算模式

云计算通常包括以下几个层次的服务：基础设施即服务（IaaS），平台即服务（PaaS）和软件即服务（SaaS）。

（1）IaaS（Infrastructure-as-a-Service）：基础设施即服务。用户通过 Internet 可以从完善的计算机基础设施获得服务，最常见的应用就是硬件服务器租用。

（2）PaaS（Platform-as-a-Service）：平台即服务。PaaS 实际上是指将软件研发的平台作为一种服务，以 SaaS 的模式提交给用户。因此，PaaS 也是 SaaS 模式的一种应用。但是，PaaS 的出现可以加快 SaaS 的发展，尤其是加快 SaaS 应用的开发速度。例如，软件的个性化定制开发就是典型的 PaaS。

（3）SaaS（Software-as-a-Service）：软件即服务。它是一种通过 Internet 提供软件的模式，用户无须购买软件，而是向提供商租用基于 Web 的软件实现面向企业或个人的经营活动。

（三）云计算特点

1. 超大规模

"云"具有相当的规模，Google 云计算已经拥有上百万台服务器，Amazon、IBM、微软、Yahoo 等的云均拥有几十万台服务器，企业私有云一般也拥有成百上千台服务器。正是因为这种超大规模，"云"可以赋予用户前所未有的计算能力，具有动态伸缩特点，以满足用户规模增长的需要。

2. 虚拟化

云计算支持用户在任意位置、使用各种终端获取应用服务。因请求的资源来自"云"，而不是固定的有形的实体，因此具有虚拟化特征。用户只需要一台笔记本或者一部手机，就可以通过网络服务来实现用户需求。

3. 高可靠性

"云"使用了数据多副本容错、计算节点同构可互换等措施来保障服务的高可靠性，因此，使用云计算比使用本地存储更具可靠性。但云计算尚不能百分之百保证数据的安全性和保密性，这也是许多组织和机构选择云服务须考虑的关键因素。

4. 按需服务

用户按照需要付费，类似其他商品一样，"云"是一个庞大的资源池，可以按需购买。

二、云会计应用场景

云计算现已经扩展到不同的行业，应用到会计领域就形成了云会计。云会计最早由程平、何雪峰（2011）提出，指"以互联网为媒介，向企业提供会计核算、会计管理和会计决策服务的虚拟会计信息系统"。笔者认为云会计就是利用云计算技术和理念构建的会计信息化基础设施和服务。企业因规模不同，对云会计服务需求的差异也不同。当前，集团大中型企业基于私有云平台搭建且与其他信息系统集成产生财务共享中心，而小微企业基于公有云搭建的 AIS 形成了面向中小企业的云会计。

（一）基于私有云的大型集团企业的财务共享中心

《会计信息化规范》提出对于子公司数量多、分布广的大型企业、企业集团，应当鼓励其利用信息技术促进会计工作集中，逐步建立财务共享服务中心。财务共享服务中心是指企业（集团）将下属单位相同的财务职能集中，由一个相对独立的财务机构来行使，即各单位共享一个机构的财务服务。根据企业实际需求和发展状况，财务共享可以是部分业务流程的共享，如差旅报销流程共享，也可以是包括对外报告和财务分析在内的全业务领域共享；或者是所有地域或部分区域的集中共享。目前，财务共享的服务领域主要集中在应收应付管理、固定资产、总账、差旅与报销、财务报表、员工薪酬、资金管理等交易型业务流程，也有部分企业将内部审计、预算、计划与分析、财务风险管理等非交易型业务放入财务共享范围。财务共享服务是面向大型集团企业的全新财务管理模式，本书不做过多介绍。

（二）基于公有云的小微企业云会计

软件供应商基于公共云平台 SaaS 模式提供的通用会计核算服务，就形成了基于公有云的云会计。这种应用场景下的云会计可以帮助小微企业以较低的成本拥有和大型企业一样高端的服务器、存储和网络基础设施，以及功能强大的 AIS，实现企业与价值链上下游企业之间信息系统的有效集成，从而提高企业的管理能力和竞争优势。目前，国内知名的用友、浪潮、金蝶等知名财务软件厂商均推出了自己的云会计产品，各具特点。本书以面向小微企业的浪潮云会计为应用平台进行介绍，浪潮云会计的架构、功能和特点将在第二章加以介绍。

三、云会计的特点

云会计只是会计软件运行的硬件环境发生了较大变化，核心会计核算处理及流程同会计信息化系统一致。企业仍需要遵守统一的财经法规、会计准则、会计制度，会计处理流程仍是原始凭证的收集、记账凭证填制和审核、记账、算账、报账、结账等一系列过程。因云会计是将会计处理平台和数据放在云端，相比于传统会计软件、ERP中会计信息系统，云会计具有以下几个明显优势。

（一）降低了企业信息化建设的成本

云会计具有成本低、易扩展、升级便利、部署快速、见效快等优势。在云会计模式下，从财务软件的购买、安装到信息系统的维护等一系列问题都无须企业亲自解决，由云会计供应商代为处理。企业的所有电子设备只需要连接互联网，就能享用云会计提供的服务，企业像购买服务一样购买会计核算模块。企业可以根据自身的业务发展状况随时增加或减少租用的会计信息化服务，避免造成浪费，有效地缓解了企业资金压力。

（二） 降低了对专业人才的需求

云会计供应商将为企业提供专业的会计信息化建设咨询团队，企业不再需要配备专职会计信息化人员，解决了企业会计信息专业人员紧缺的问题，降低了企业会计信息化的门槛，有助于企业会计信息化的快速实施。

（三） 使企业迅速适应新的经济业务需要，及时提供会计处理的方法

一方面，当企业应用的会计法律法规、会计准则和制度发生变化时，云会计供应商能够积极主动地升级相应的服务模块，使企业使用的会计信息化服务得到及时更新。另一方面，云会计供应商能够及时调整或丰富会计信息化服务模块，以适应企业的发展变化，满足企业对会计信息化的动态业务需求。

（四） 企业内外部的协同更加高效方便

从企业内部看，在云会计业财一体化功能的支持下，企业内部有着良好的一体化流程，通过信息流协同，合理配置企业资源，各个部门有序合作，提高企业经营效率，降低企业经营风险，使企业获得效益最大化。从企业外部看，基于云平台的支持使得企业上、下游之间的外部集成成为可能，合作伙伴可以实现会计信息共享，以及时了解产业链上、下游的供需关系，从而提高内、外部协同控制力，增加企业经营活力。

（五） 促进了企业的财务流程再造

云会计的发展将推进财务流程全部搬至线上。在云会计系统的支持下，公司将不同保密等级的数据存储在不同级别的云中，授予不同的相关人员以相应的查看、修改、更新数据权限，例如，公司购销业务在网上敲定，合同以电子数据形式存在；会计人员在自己的显示屏下记录业务，附上合同协议的链接，信息传至云端；云端存储数据并自行运算，形成报表以及各种指标数据；管理层在自己的显示屏上看到各种财务数据，分析数据，监控各项指标；取得授权的会计师事务所获取公司的会计信息，代为处理部分会计业务；企业将各种报表传至税务部门的云空间，税务部门检查后，企业可进行合理报税。这些

操作促进了小微企业的财务业务流程再造，加强了企业内部控制。

（六）提高了会计数据的安全性

云会计采用虚拟化技术将企业会计数据分布在各个云端，提供了多个备份数据，有效保障了会计信息存储的安全性。当某个服务器出现故障时，其他云端能够及时进行弥补，保证用户对会计信息的实时获取和使用。此外，云会计的集群技术避免了由于病毒或硬件故障造成的数据损坏，也提高了会计数据存储的安全性。

四、应用需注意的问题

（一）云会计产品选择

多位学者研究了云产品选择的影响因素。程平、赵子晓（2014）提出，供应商的应用能力、咨询服务能力、流程再造能力、实施能力，信息的安全性、合规性、性价比是云会计产品选择的影响因素。张媛、苏雪碧等（2014）提出，成本、数据量、安全性、外部技术限制（带宽）、行业因素、技术更新、系统发展更新、即时性、自动化、专业化等是产品选择的影响因素。吴胜等（2015）建立了云会计产品功能、运行性能、使用体验、实施价值等四大类别指标。其中，产品功能是产品要满足的基础功能集合，运行性能是产品运行时效果体现的指标集合，使用体验是反映了用户使用和对产品看法的指标集合，实施价值是决定用户是否使用云会计产品以及如何使用云会计产品的判断标准集合。总之，云会计产品的选择是用户需求与云会计产品性能之间的平衡，而性价比、安全性等都是产品选择要考虑的因素。

（二）云会计安全问题

云会计符合大数据、移动互联网等大环境的发展趋势，但不少企业依然对使用云会计服务保持观望态度，主要是因为云会计的安全问题。首先是云会计数据网络传输安全问题，即数据在互联网络传输过程中，用户担忧数据传输安全及丢失问题；其次是重要数据私密保护问题。会计数据是生产经营过程中最核心的商业机密，在不确定云会计是否安全的前提下，企业不会将其交由其他公司来存储和处理，而且云会计服务商不保证一对一的服务，这种情况下云会计的安全性就显得更加重要。云会计的安全问题，需在云会计数据隐私保护、数据主权归属、服务协议保障、云会计服务运营商资质认证等方面进行规范和完善。

（三）云会计与外部系统的关联

云会计与传统会计相比，其优点是不受时空限制处理会计业务，另外还应注意：云会计不是封闭的系统，通过与其他外部系统的互联才能真正体现其智能化。互联主要包括：（1）与税务系统关联，实现云会计自动计税、报税和缴税；（2）与银行系统关联，实现更为快捷的资金使用；（3）与社保系统关联，实现社保资金的自动缴存；（4）与审计系统、注册会计师网上审计系统关联，实现网上审计；（5）与其他会计信息化相关系统关联，等等。这些功能对于提升云会计应用价值极为重要。从目前来看，云会计已经实现了与外部系统的关联，如浪潮云会计一键报税，其他一些功能也处于未来规划中。

第二章

浪 潮 云 会 计

教学目的及要求：

本章主要介绍浪潮云会计发展、特点、技术架构和基本功能，为后续章节的讲解做好铺垫，本章仅需一般性了解。

第一节　浪潮云会计简介

一、浪潮云会计发展

浪潮集团是以服务器、软件为核心产品的国有企业，是中国领先的云计算、大数据服务商，拥有云数据中心、云服务大数据、智慧城市、智慧企业四大业务板块，迄今有 70 多年历史，始终致力于成为先进的信息科技产品和领先的解决方案服务商。

浪潮自 20 世纪 80 年代进入财务软件领域，见证了中国会计电算化的起源；90 年代率先推出大型财务管理软件，并在业界最早提出"集团财务"概念与分行业 ERP 理念，推动了中国企业信息化进程。进入 21 世纪，率先定义"财务云"，国内首家发布"中国制造 2025@浪潮"战略，依托技术能力和整合能力，加快推进云计算、大数据、物联网、移动互联、人工智能等技术与管理的融合，全面支持企业上云，以"互联、共享、精细、智能"理念为引领，构建智慧企业大脑，加速数字化转型。

浪潮云会计是浪潮经多年积累，采用先进的管理思想和先进的开发工具，向中小企业推出的一套在线 ERP 全面解决方案。浪潮云会计主要从企业关心的财务、进销存管理等入手，以企业工作流程为基础，对企业工作流程中每个节点的质量、进度和成本进行有效管理和控制，使企业能够充分利用一切内部和外部资源，来提高企业的销售收入和利润，增强企业的核心竞争力。

浪潮云会计可以实现动态的财务、业务、简单生产一体化，实现物流、信息流、资金流的高度一致性、同步性和完整性，实现财务预算、财务控制和财务分析的完全动态化，业务流的透明化和规范化，库存管理的合理化。

二、浪潮云会计特点

（1）追踪先进技术和管理思想：以软件可复用作为软件开发的手段，基于新技术的体系架构具备良好的开放性能，大大缩短产品的构建周期。将用户需求作为关注焦点，以引进、消化、吸收、改进、创新为主的发展模式，成为推动产品发展的源动力。

（2）完整的财务业务管理流程，集成的体系架构，子系统之间一体化设计，既可以单独使用，又可组装使用，业务、财务等各子系统之间可以实现无缝链接，实现真正的财务业务一体化。

（3）采用主流的开发模式，通过 SaaS 运营平台为企业提供管理信息化系统。企业无须购买硬件，通过浏览器登录注册，即可根据应用场景通过"所见即所得"的设计方式搭建业务模型，进行个性化应用设计，实现应用增值，支持订阅模式，按年付费，按需购买。

（4）软件支持跨平台应用，支持 PC 端、微信端、平板端多端通用，一键分享，实时同步企业数据。具有基于 SaaS 应用的云端软件特点，免安装、免维护、免培训，有网就能使用。

（5）软件功能智能化、多样化。具有智能凭证自动记账、智能报表自动生成、智能结转、一键报税等智能化、多样化功能。

（6）企业管理者随时随地，经营状况全盘掌控，四大管理报表（应收、应付、费用、经营状况）自动生成。

（7）免费获取金融、培训等增值服务。对接工商银行等金融机构，线上融资，放款快、额度高、无抵押；最新财税课程，帮助会计转型进阶。

第二节　浪潮云会计架构和功能

一、浪潮云会计架构简介

浪潮云会计软件架构采用分层模式，整体技术架构如图 2-1 所示。运用前后端分离技术，前端基于 Vue.js 框架，遵循统一的产品 UI 风格和用户体验；后端采用 Java 实现微服务的技术架构，即通过 Controller 对外暴露 Restful API。前、后端都可以通过分布式部署，支持"分布式集群"，将不同的业务服务器分布在不同的地方，将几台服务器集中在一起，实现同一业务，每个业务都可以模块化，独立运行，而不依赖其他环境，数据库采用 MySQL。

图 2 - 1　浪潮云会计技术构架

（一）浪潮云会计采用的安全策略

（1）防火墙规则：禁用所有端口、仅开放白名单协议端口。

（2）NAT 网络地址转换：通过网络地址转换，云会计的应用服务端口都做了转换，如：Redis 服务端口由 6379 改为 63××。

（3）数据库访问授权：授权给指定的 IP、指定的用户。

（4）多级控制：在 Apache 配置代理规则进行访问控制。同样，在 NFS 授权给指定的 IP 数据共享权限。

（5）防暴力破解：密码 MD5 加密传输，连续 5 次登录失败，封客户端 IP 地址 30 分钟；黑客尝试访问未识别接口，自动更新 IP 黑名单，防火墙自动封 IP 一天。

（6）RSA 加密用户信息：自定义算法，对用户信息进行加密，黑客很难攻破。

（7）Token 的有效期：Token 的有效期设置为 2 个小时，超时系统自动登出，以保证用户安全。用户 2 个小时内未操作或 Token 验证失败，用户需要重新登录。

（8）控制跨域调用：只有合法的用户才能通过跨域调用云会计的接口读取数据。

（二）浪潮云会计数据备份策略

（1）数据库主备：每个分布式节点，有 2 台主备服务器提供服务，一台 master、一台 slave，当一台 MySQL 数据库宕机时，可保证数据不丢失。

（2）数据备份：所有应用服务器都有一个分布式备份任务，每天固定时间对所在服务节点上的企业账套进行全量备份，数据以文件形式存在 NFS 上，按 7 天一个周期保存。如果出现系统故障，可指定某个企业账套进行恢复。

（3）用户自备份：云会计应用还可以满足用户自备份的需要，每天把存储在 NFS 上的文件备份下载到客户端，自主保管。

二、浪潮云会计功能概述

浪潮云系统功能覆盖中小企业所有财务和业务范围，模块包括总账管理、固定资产、发票管理、辅助核算、出纳管理、一键报税、管理分析、采购管理、销售管理、库存管理、资金管理、资料管理、基础设置、管理分析、移动应用等内容，实现"票、账、税"一体化、智能化，整体业务框架如图 2-2 所示。

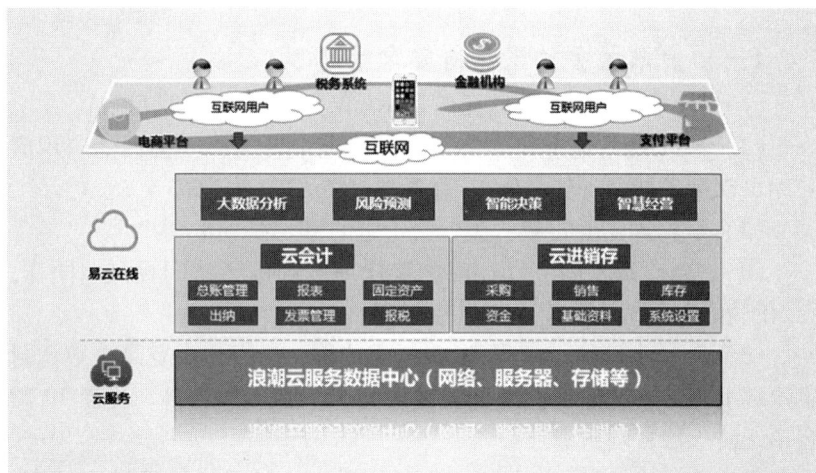

图 2-2 浪潮云会计业务构架

（一）浪潮云会计平台管理

云会计平台管理，主要是对云会计在正式账务处理之前的各项系统功能的管理，主要包括云会计注册、云会计登录、云会计用户管理和云会计账套管理等功能。

（二）浪潮云基础设置

基础设置是软件初始化工作的一部分，其功能在于创建系统共用的工作环境。只有经过系统期初设置，云会计平台才可以进行编制记账凭证等操作。云会计期初设置主要包含辅助核算和会计科目。与传统 ERP 系统相比，云会计的期初设置简化了很多，如没有分类基础设置，只有档案设置。

（三）浪潮云会计总账功能

浪潮云会计为企业提供了完整的、通用的、标准化的总账功能，主要包括总账初始化、凭证管理财务核算、出纳管理、辅助核算、报表管理、固定资产管理等功能。同样，相比于传统会计软件，浪潮云会计的这些功能更加简捷、智能。

（1）凭证管理。系统适应于各行业小企业的业务处理及内部管理的需要，可完成标准化的会计核算及管理功能，主要包括凭证增加、凭证模板、凭证账簿批量打印、断号自动整理、凭证查询等。

（2）出纳管理。系统能够支持现金日记账录入、查询，银行日记账录入、查询。

（3）固定资产管理。系统可以帮助企业有效管理各类固定资产，准确计提折旧并自动生成记账凭证，输出报表。

（4）期末自动转账。系统支持自动化的期末结转功能，包括计提折旧、结转销售成本、计提工资、摊销待摊费用、结转未交增值税、计提税金、结转损益等。

（5）报表管理。系统支持三大报表的自动生成等功能。

（6）一键报税。系统能够与报税软件打通，能够通过单点登录报税软件，进行一键式报税。

（7）账簿查询。主要是指查询云会计平台上的各类财务账簿，包括余额表、总账、明细账、科目汇总表、辅助核算余额表、辅助核算明细账等。

（8）管理分析。系统能够满足企业对本单位财务指标、财务报表进行分析的要求，以加强其财务管理，且能够支持应交税费、收支统计、费用统计等企业经营数据分析功能。

（9）发票管理。可以将发票直接导入系统，生成凭证。

（四）云进销存功能简介

云进销存管理包括采购管理、销售管理、库存管理、资金管理、资料管理等子系统。各个系统与财务管理紧密衔接，业务数据自动传递到财务部分。进销存管理系统的应用，在显著提高企业各业务部门工作效率的同时，极大地提高了管理数据的精确性。

（1）销售管理。系统具有完整的销售出货流程，能够完成订单现销、赊销等所有销货业务，提供多维度、丰富的销货业务报表自动查询功能。

（2）采购管理。系统支持完整的采购进货流程，能够完成订单现购、赊购等所有购货业务，提供多维度、丰富的进货业务报表自动查询功能。

（3）库存管理。系统能够支持对物料的出库、入库、调拨、盘点等业务进行分类管理和控制，可以从类别等不同的角度来管理库存物品的数量、库存成本和资金占用情况。可以按不同的需要反映库存的分布情况，可以满足异地仓库、调拨在途等行业需求。同时，系统能够完成其他入库、其他出库、盘点、成本调整等所有仓存业务，提供有关库存状况、库存账龄等全面、多维度的业务报表自动查询功能。

（4）资金管理。系统能够完成按明细或按余额等多种方式的收款、付款功能，提供供应商应付欠款及客户应收欠款的图表分析，随时随地自动查询，清晰了解经营状况。

（5）资料管理。系统能够支持供应商管理、客户管理、商品管理等基础资料的档案建设，并且能够完成基础资料及期初数据的管理，提供表格导入功能，快速进行账套初始化。

（6）管理分析。系统能够支持库存状况分析、销售业绩分析、采购业绩分析、往来账款分析等企业经营数据分析功能，支持跨年、跨月查询。

基于上述这些功能，浪潮云会计实现了标准化的财务、业务的一体化，实现物流、信息流、资金流的一致性、同步性和完整性，实现了财务预算、财务控制和财务分析的完全动态化，使得企业业务流程更加透明化和规范化，促进企业经营效率的提升。

三、浪潮云会计解决方案

针对小微企业的经营特点，浪潮云会计提供了以下三种模式。

（1）代理记账模式。浪潮云代账版是专门为代账会计和代账公司设计的云应用，模块包括企业客户管理、收费管理、员工管理、总账管理、固定资产、发票管理、辅助核算、出纳管理、一键报税、管理分析等，支持在线记账、移动记账，支持老板查看报表，大幅提升代理记账速度，降低代账成本，提高企业效益。

（2）云会计单独应用模式。该版专为企业财务人员设计，帮助财务人员随时随地管理资产、发票、报税、往来、经营分析等。高效、便捷的人工智能化系统，可以全面提升小企业财务管理水平，包括总账管理、固定资产管理、发票管理、辅助核算、出纳管理、一键报税、管理分析等模块。

（3）"云会计＋云进销存"模式。该版实现了云会计与云进销的有机融合，为企业提供财务、采购、销售、库存、资金等集成管理，包括总账管理、固定资产管理、发票管理、辅助核算、出纳管理、一键报税、管理分析、采购管理、销售管理、库存管理、资金管理等，同时对接第三方电商平台，可以帮助企业系统处理线上线下订单，让生意更轻松、会计更简单。

第三章
浪潮云会计平台管理

教学目的及要求:

本章主要介绍云会计注册、云会计登录、云会计用户管理和云会计账套管理等功能,仅作一般性了解。

第一节 浪潮云会计注册及登录

一、浪潮云会计注册

使用云会计平台服务需经注册,取得合法身份,然后以此登录云会计平台。在浏览器中输入浪潮云会计网址:http://www.eyun.cn,打开其主页登录门户,如图3-1所示。

3.1浪潮云会计注册及登录

图3-1 云会计平台登录界面

在图3-1所示登录门户中,点击【没有账号?免费注册!】功能按钮，打开注册账号界面，如图 3 - 2 所示。

图 3 - 2　云会计平台注册界面

在图 3 - 2 中，输入用户的手机号码，点击【获取验证码】功能按钮，云会计为该手机号码发送短信验证码，用户必须在 10 分钟内将获得的验证码输入至"验证码"框内。在"密码"框中设置密码，密码长度至少四位，选择软件版本与行业，点击【注册】功能按钮，即可获得使用权限。

二、登录

用户在注册完成后，重新打开"云会计平台登录"界面，输入账号和密码即可进入云平台进行操作与管理。在图 3 - 3 所示登录门户中，输入注册成功的手机账号及密码后，点击【登录】功能按钮进入平台，如图 3 - 4 所示。

图 3 - 3　云会计平台登录界面

图 3 – 4　云会计平台界面

图 3-4 展示了云会计所有功能及入口。界面左边为云会计主菜单，包括凭证、账簿、报表、固定资产、发票、出纳、报税、设置等功能菜单。中间大部分区域是各种功能快捷菜单，包括查看凭证、新增凭证、余额表、资产负债表、利润表等，每一部分具体功能及操作会在以后章节逐一进行介绍。

三、退出登录

在图 3-4 中，将鼠标光标移至右上角当前账号按钮，在自动弹出的下拉菜单中，点击图 3-5 中的【退出】功能按钮，即可退出云会计平台。

图 3 – 5　云会计退出登录界面

第二节　云会计用户管理

本节主要介绍云会计中的用户管理基本操作。

一、账号设置

账号设置，主要是对用户登录账号管理进行个人资料和密码修改。

【业务描述】

富士达公司主管马会计

姓名：马会计

手机号：1333 *******

【操作步骤】

（1）如图 3 - 6 所示的云会计操作界面，将光标移至右上角当前用户"马会计"上，平台弹出下拉菜单，点击【账号设置】功能按钮，进入"用户账号设置"界面，如图 3 - 7 所示。

图 3 - 6　用户账号设置界面

3.2 云会计
用户管理

（2）在图 3 - 7 所示的"账户设置"界面中，有【个人资料】、【修改密码】、【推广二维码】、【修改手机号】四个功能按钮。

①个人资料。在图 3 - 7 中，点击【个人资料】功能按钮，显示当前账号的手机号、姓名信息。当前账号用户可自行修改姓名信息，完成后点击【提交】功能按钮。

②修改密码。在图 3 - 7 中，点击【修改密码】功能按钮，可修改当前用户账号的密码，如图 3 - 8 所示。

图 3 - 7　账户设置界面

图 3 - 8　账户密码重置界面

③推广二维码。在图 3 - 7 中，点击【推广二维码】功能按钮，通过扫码即可注册云会计账号，如图 3 - 9 所示。

图 3 - 9　推广二维码界面

④修改手机号。在图3-7中，点击【修改手机号】功能按钮，可修改当前用户账号的手机号，如图3-10所示。

图3-10 修改手机号界面

二、员工管理

除了用户账号外，一家公司需要其他员工对账套进行操作时，可以通过添加员工功能，增加员工数量。

【业务描述】

操作员：赵采购、路销售、王库存、李资金、张办公、刘生产

角色：以上操作员的角色皆为"员工"

【操作步骤】

（1）在云会计操作界面中，点击【企业管理】→【员工】→【部门和员工】功能按钮，进入"员工管理"界面，如图3-11所示。在员工管理模块，具有【查询】、【刷新】、【超级管理员移交】、【增加员工】、【引入已注册员工】、【引入进销存同事】、【注销员工】七个功能按钮。

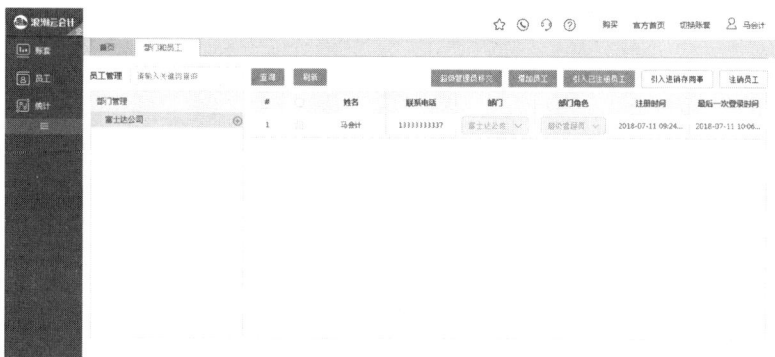

图3-11 员工管理界面

（2）增加员工。

①点击【增加员工】功能按钮，弹出"增加员工"界面，如图 3-12 所示。

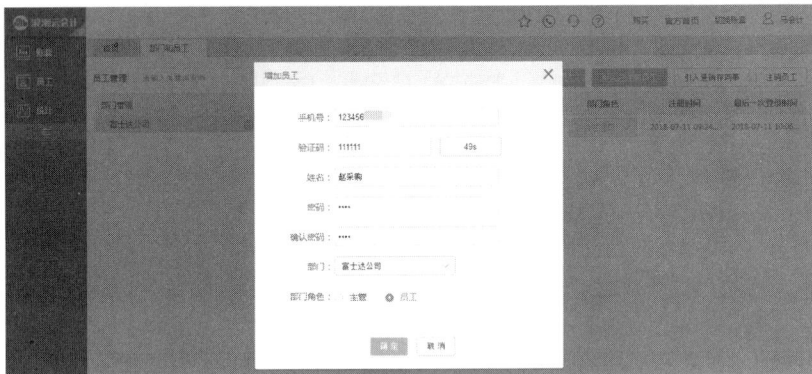

图 3-12　增加员工界面

②在图 3-12 中，输入员工的手机号，点击【获取验证码】功能按钮，云会计为该手机号码发送验证码，员工获得验证码并将其输入"验证码"框中，输入员工的姓名，在"密码"框中设置密码，并为员工选择角色。完成以上各项后，点击【确定】功能按钮即可成功增加一位员工。

【注意事项】

进销存与总账中的角色不同，总账中的角色只有"员工""主管"，进销存中的角色有"主管""销售""采购""仓管""资金"。

（3）引入已注册员工。

①在图 3-11 所示的"员工管理"界面中，点击【引入已注册员工】功能按钮，可以引入已注册员工，如图 3-13 所示。

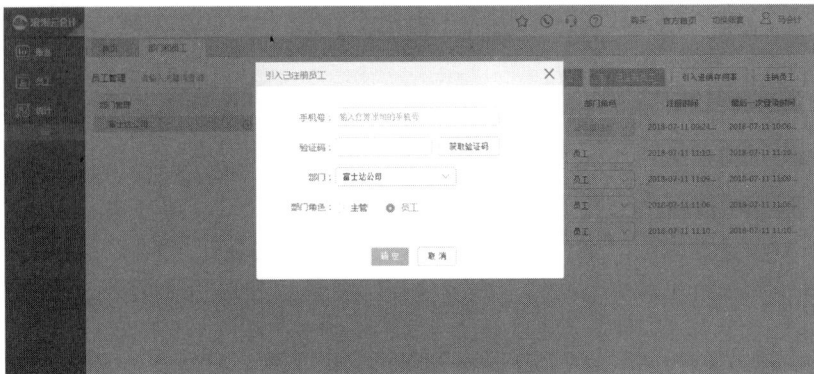

图 3-13　引入已注册员工界面

②在图3-13中，输入已注册员工的手机号，点击【获取验证码】功能按钮，云会计为该手机号码发送验证码，员工获得验证码并将其输入【验证码】框中，为已注册员工选择角色，点击【确定】功能按钮，完成对已注册员工的引入。

（4）引入进销存同事。

①在图3-11所示的"员工管理"界面中，点击【引入进销存同事】功能按钮，可以引入进销存同事，如图3-14所示。

图3-14　引入进销存同事界面

②在图3-14中，选中所需引入同事的信息，为引入的同事选择角色，点击【提交】功能按钮，完成对进销存同事的引入。

（5）超级管理员移交。如果需要把某一普通员工权限设置成为"部门主管"，可以使用"超级管理员移交"功能。在图3-11所示的"员工管理"界面中，选中所需移交超级管理员权限的员工信息，点击【超级管理员移交】功能按钮，进入图3-15界面，点击【确定】功能按钮，完成超级管理员权限的移交。

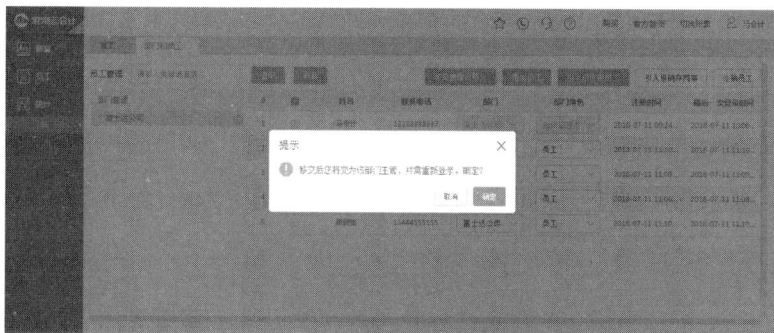

图3-15　超级管理员移交界面

（6）注销员工。在图3-11所示的"员工管理"界面中，选中所需注销员工的信息，点击【注销员工】功能按钮，在弹出的图 3 – 16 中点击【确定】功能按钮，完成员工的注销。

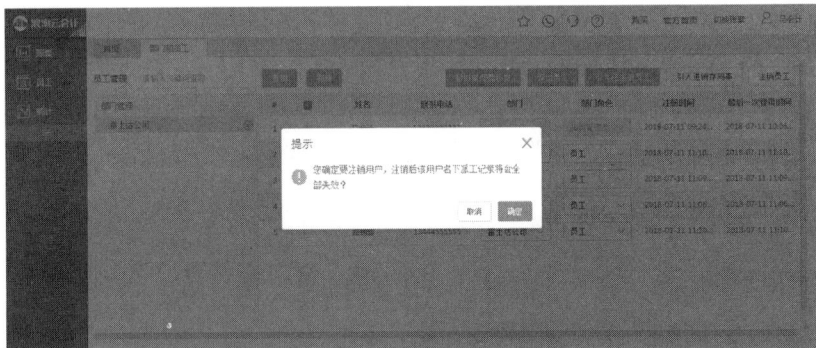

图 3 – 16　注销员工确认界面

第三节　云会计账套管理

账套本身就是一个数据库文件，各种财务数据、业务数据、一些辅助表都存放在其中。本节对云会计中的账套管理进行介绍。

一、账套建立

账套管理为系统管理员维护和管理多个账套提供了一个方便的操作平台。云会计账套与传统账套有一定区别，传统账套是建立在本地服务器中的，而云会计则是把账套建立在软件供应商服务器中，由云软件供应商统一管理。在云会计进行财务处理之前，首先要创建本核算单位的账套，输入公司名称、经营地址、税号、联系人、税管所、手机号、证书到期日、备注、增值税、建账月份、会计制度、行业等信息内容。本节在阐述账套操作功能过程中，将建立虚构的富士达公司核算账套，用户可以根据以下业务描述和操作步骤设置该公司账套。

【业务描述】

富士达公司账套基本信息：

公司名称：富士达公司；

经营地址：天津市；

增值税：一般纳税人；

建账日期：2018 年 1 月；

会计制度：《2007 企业会计准则》；

行业：制造业。

【操作步骤】

公司名称：输入新建会计核算单位全称。

启用期间：选择新建账套将被启用的时间，具体到"月"。

会计制度：浪潮云会计平台目前提供"2007企业会计准则"和"2013小企业会计准则"两个会计制度。选择会计制度后，浪潮云会计将会自动地为账套预置与会计制度相关的会计科目和编码，以及对应的各种账簿和会计报表等。

3.3 云会计
账套管理

（1）新用户注册完之后即弹出图3-17所示的"开始建账"界面，点击【企业管理】→【账套】→【账套管理】→【新建账套】功能按钮，如图3-18所示，进入"新建账套"界面。

图3-17　开始建账界面

图3-18　新建账套界面

（2）根据富士达公司基本情况正确录入后，点击【保存】功能按钮则新建账套成功。

二、账套管理

对已建账套,可以通过"账套管理"界面进行修改、删除和备份。

【操作步骤】

(1) 在图3-4中,点击【企业管理】→【账套】→【账套管理】功能按钮,进入"账套管理"界面,如图3-19所示。

图3-19 账套管理界面

(2) 修改。在图3-19中,点击所需修改账套名称前面的【编辑】功能按钮,进入"编辑账套"界面,用户可根据实际情况修改公司名称、经营地址、税号、联系人、税管所、手机号、证书到期日、备注、增值税、建账月份、会计制度、行业等信息内容。

【注意事项】

有凭证或已进行月末结账的,不能修改建账月份。

(3) 删除。对于不需要的账套,可以进行删除操作。选中需要删除的账套,点击【删除】功能按钮,弹出如图3-20所示的窗口,点击【确定】功能按钮将删除选中的账套,点击【取消】功能按钮则放弃删除账套。

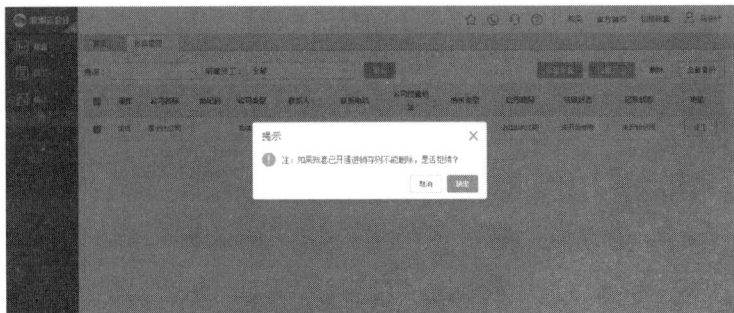

图3-20 账套删除界面

【注意事项】

已开通进销存账套不允许删除；删除后的账套可以在回收站里还原。

（4）备份。备份账套就是把财务软件系统记录的会计核算内容以文件的形式另存起来，保证会计资料的安全完整。一旦原有的账套毁坏，可以通过账套恢复功能将以前的账套备份文件恢复成一个新账套进行使用。选中需要备份的账套，点击【全部备份】功能按钮即可完成对账套的备份。

（5）回收站。在如图3－19所示的"账套管理"窗口，点击【账套】→【回收站】功能按钮进入回收站界面，如图3－21所示。选中需要还原的账套，点击【还原】功能按钮即可还原账套。选中需要彻底删除的账套，点击【彻底删除】功能按钮，该账套将被彻底删除。

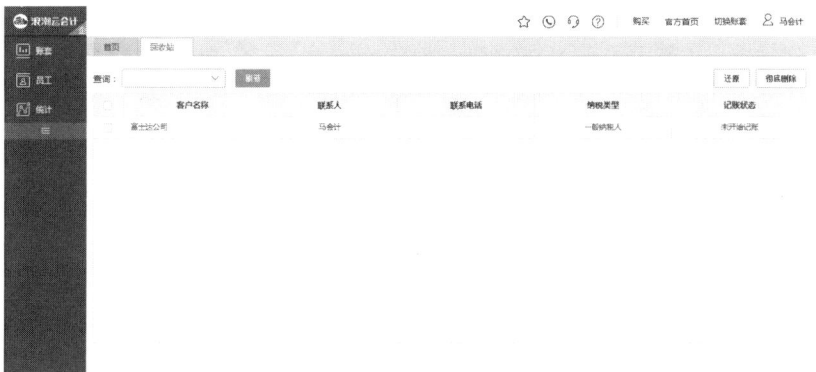

图 3 - 21　回收站界面

三、派工

派工指的是对用户权限的管理。建立账套之后，就应该为账套派工，授予这些用户在账套中相应的操作权限。严格的权限管理可以防止与企业无关的人员进入企业账套，避免企业商业机密的泄露，有助于增强企业内部控制。相比于传统的 ERP 系统，云会计的用户管理简化了很多环节。

【业务描述】

对富士达公司的马会计、赵采购、路销售、王库存、李资金进行派工。

【操作步骤】

（1）建账完成后，点击【派工】功能按钮，弹出图3－22界面。鼠标在员工空白框中点击，选择员工，并确定权限，点击【保存】

功能按钮，如图 3 – 23 所示。被指派的员工登录后将看到派给自己的账套，并拥有建账人分配的权限。

图 3 – 22　选择员工界面

图 3 – 23　员工权限开通界面

（2）添加批量派工。选中所需派工的账套，点击【批量派工】功能按钮进入图 3 – 24 所示的界面，可以对多个员工进行批量派工。

图 3 – 24　批量派工界面

四、账套选择

云会计中的一个账号可以建立多个账套。在多个账套之间进行切换时，就需要对账套进行选择。

【业务描述】

选择"富士达公司"账套。

【操作步骤】

（1）派工完成后，点击【切换账套】功能按钮，进入"账套选择"界面，如图 3 – 25 所示。

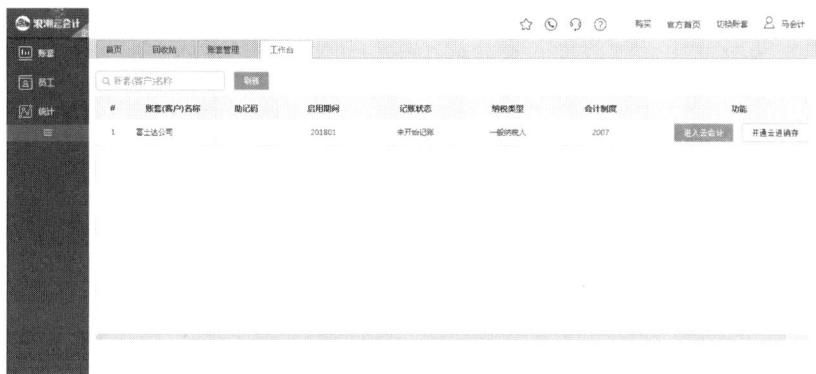

图 3 – 25　账套选择界面

（2）本例中，我们选择"富士达公司"账套，双击所需账套或者点击【进入云会计】功能按钮进入目标账套，如图 3 – 26 所示。

图 3 – 26　账套初始界面

第四章

浪潮云会计初始化

教学目的及要求：

本章主要介绍浪潮云会计的总账初始化操作。总账初始化是对账套工作环境和初始资料的设置，浪潮云会计的初始化主要包括：基础档案设置、会计科目设置和期初余额初始化，需要重点掌握初始化流程和关键操作步骤。

第一节 初始化概述

账套初始化是传统会计信息系统中十分重要的工作，它是整个会计工作的基础。初始化设置的好坏，将直接影响到系统的运作质量。清晰的科目结构、明了准确的数据关系，会使用户在账套启用后的日常处理和财务核算工作中思路顺畅、处理简捷。本节主要介绍浪潮云会计总账中的初始化设置，浪潮云进销存的初始设置将在第七章介绍。

一、初始化内容

4.1 初始化概述

浪潮云会计在满足会计核算要求的条件下，对初始化工作进行了简化，主要包括会计科目设置、基础档案设置、初始余额录入。相比于传统财务软件，简化部分主要有以下4个方面：

（1）没有凭证类别设置，仅设置单一记账凭证类型；

（2）基础档案设置中，没有各种档案的分类编码设置，各客户、供应商、部门、职员、专项档案都仅按照顺序进行编码，只有编码和名称的字段属性；

（3）会计科目设置不能自定义一级会计科目，只能定义明细科目；

（4）没有银行对账操作。

二、初始化步骤

初始化设置主要步骤：初始化准备→基础资料设置→会计科目设置→初始数据录入→结束初始化。

（1）初始化准备：充足的初始化准备工作能让整个系统的初始化设置工作顺利进行。初始化设置准备工作包括准备账套启用时各会计科目的期初余额、本年累计借方金额、本年累计贷方金额，物料的期初结存数据以及客户、供应商等资料。

（2）基础资料设置：云会计中的基础资料包括客户、供应商、员工、部门等基础信息。基础资料的共享有助于软件操作效率的提高，并且能保证数据的准确性。这些公共基础资料可以在云会计和进销存模块共同使用。

（3）会计科目设置：会计科目是会计核算的基础。云会计配置了 2007 年和 2013 年两种企业会计科目体系和多种辅助核算，企业在使用前应结合自身核算特点对会计科目体系进行优化。

（4）初始数据录入：初始数据是指账套启用时的初始数据，如存货初始数据、会计科目初始数据等。

（5）结束初始化：所有期初数据录入完成后，可以结束初始化工作。只有结束初始化工作才能进行日常的业务处理。

第二节　基础档案设置

本节主要介绍浪潮云会计的基础档案设置。浪潮云会计提供了 5 种基本辅助核算：客户、供应商、部门、员工、专项，此外每个公司还可以根据自己业务需要在自定义设置部分进行个性化辅助档案设置。本节主要对这 6 种辅助核算设置进行介绍。

一、客户档案设置

客户是企业生产经营的对象，客户档案是销售管理、应收款管理中重要的基础数据，准确设置客户信息对往来账管理十分有利。例如，填制销售订单、销售发票时，会用到客户档案；进行应收账款记账、结算时，也需要进行客户科目辅助核算设置，以生成客户

辅助账簿。

【业务描述】

富士达公司客户资料表，如表 4 - 1 所示。

表 4 - 1　　　　　　　富士达公司客户资料表

客户编码	客户名称
0001	大港汽配厂
0002	湖南机械配置公司
0003	吉林机械装配公司

【操作步骤】

（1）在如图 4 - 1 所示的"云会计操作"界面中，点击【设置】→【辅助字典】功能按钮，进入图 4 - 2 所示界面。

图 4 - 1　云会计操作界面

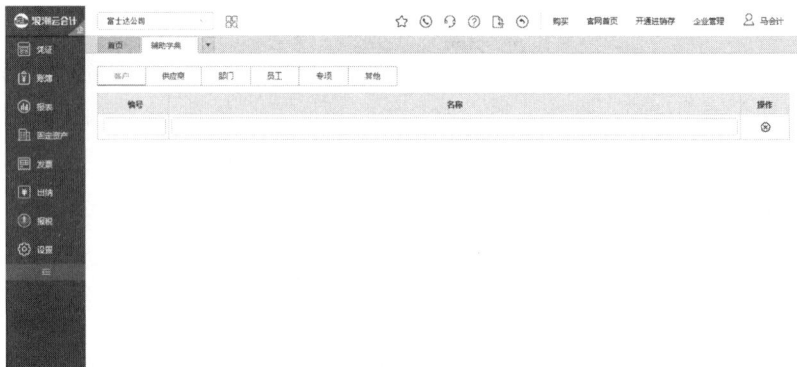

图 4 - 2　辅助核算设置界面

　　　　（2）图 4 - 2 是录入辅助核算档案的操作界面，点击【客户】功能按钮，录入如表4-1所示的客户档案信息。

（3）在图4-2中，点击编号列下的第一个空白框，自动填充客户编号，输入客户名称，完成第一个客户档案的录入。点击回车键可以进行下一个客户档案的录入。完成所有客户档案的录入后如图4-3所示。

图4-3　客户档案设置界面

二、供应商档案设置

供应商是企业生产经营的供货者，准确设置供应商档案对往来账管理有利。在填制采购入库单、采购发票、应付款管理，以及供货单位统计时都会用到供应商档案；在进行供应商科目辅助核算、生成供应商辅助账簿时，也会用到该档案信息。

【业务描述】

富士达公司供应商资料，如表4-2所示。

表4-2　　　　　　　　　富士达公司供应商资料表

供应商编码	供应商名称
0001	海河海绵铁矿公司
0002	沈阳铁矿石公司
0003	海河机械配件公司
0004	深商机械配件厂

【操作步骤】

（1）在图4-2中，点击【供应商】功能按钮，录入如表4-2所示的富士达公司的供应商档案。

（2）点击编号列下的第一个空白框，自动填充供应商编号，输入供应商名称，完成第一个供应商档案的录入，点击回车键进行下一个供应商档案的录入。完成所有供应商档案的录入后如图4-4所示。

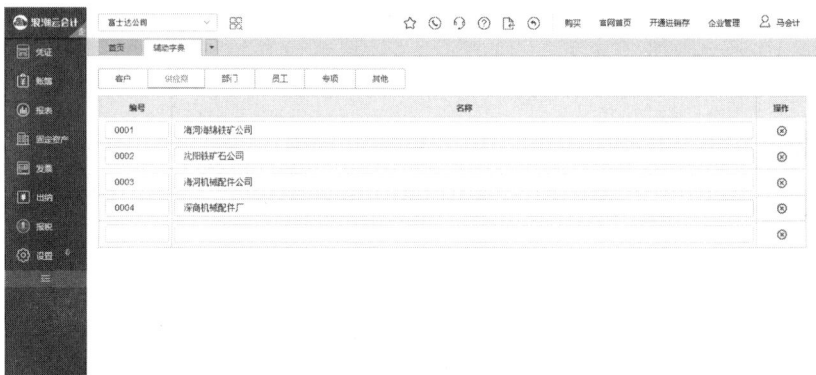

图4-4 供应商档案设置界面

三、部门档案设置

部门档案主要用来设置企业各个职能部门的信息，有助于实现部门间的业务核算和绩效管理。

【业务描述】

富士达公司的部门档案，如表4-3所示。

表4-3 　　　　　　富士达公司部门档案资料表

部门编号	部门名称
0001	办公室
0002	采购部
0003	销售部
0004	生产部
0005	仓管部

【操作步骤】

（1）在图4-2中，点击【部门】功能按钮，录入如表4-3所示的部门档案。

（2）点击编号列下的第一个空白框，自动填充部门编号，输入部门名称，完成第一个部门档案的录入，点击回车键进行下一个部门档案的录入。完成所有部门档案的录入后如图4-5所示。

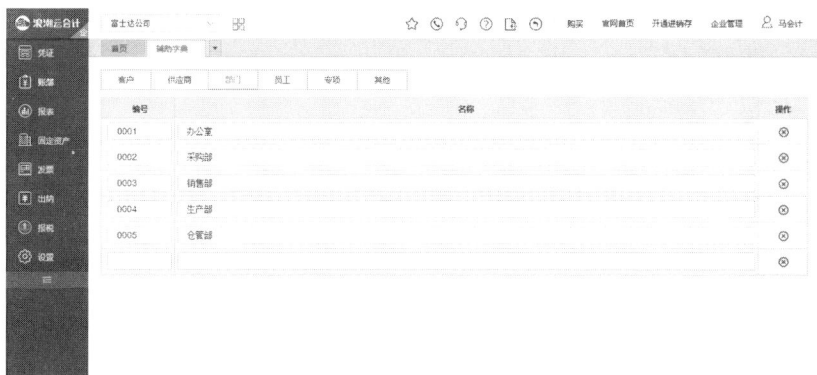

图 4 - 5 部门档案设置界面

四、员工档案设置

员工档案是用来设置企业各职能部门中进行核算和业务管理的职员信息。不需要将公司所有的职员信息都设置进来，如生产部门就只需设置生产部负责人和各生产部文员，一般人员在此没必要设置。

【业务描述】

富士达公司的员工档案，如表 4 - 4 所示。

表 4 - 4 富士达员工档案资料表

员工编号	员工名称
0001	张办公
0002	赵采购
0003	路销售
0004	刘生产
0005	王库存

【操作步骤】

（1）在图 4 - 2 中，点击【员工】功能按钮，录入如表 4 - 4 所示的富士达公司员工档案。

（2）点击编号列下的第一个空白框，自动填充员工编号，输入员工名称，完成第一个员工档案的录入，点击回车键进行下一个员工档案的录入。完成所有员工档案的录入后如图 4 - 6 所示。

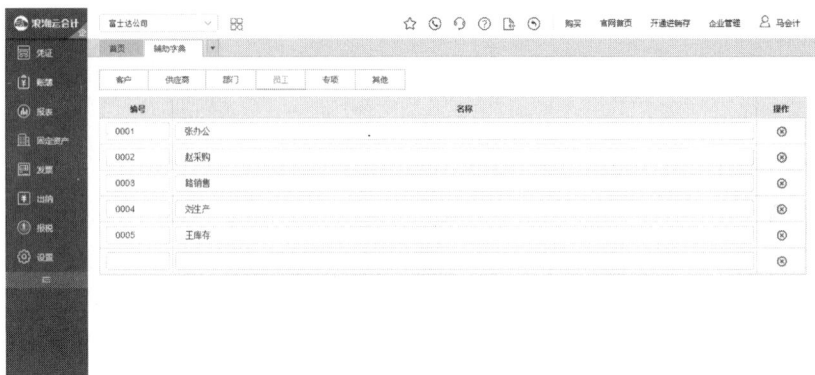

图 4 - 6　员工档案设置界面

五、专项档案设置

专项档案是对一些具有相同操作、相似作用的一类基础数据的统称。把具有这些特征的数据统一归到专项的核算档案中，这样管理起来比较方便，如相对独立、工期较长、投资较大的工程项目，方便核算该工程项目的总建筑成本或者收益。

【业务描述】

富士达专项档案

编号：0001

名称：生产成本

【操作步骤】

（1）在图4-2中，点击【专项】功能按钮，录入专项档案。

（2）点击编号列下的第一个空白框，自动填充专项编号，输入专项名称，完成第一个专项档案的录入，点击回车键进行下一个专项档案的录入。完成所有专项档案的录入后如图4-7所示。

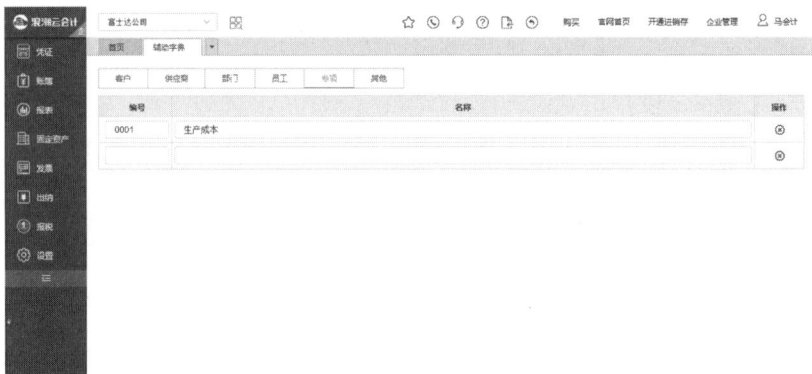

图 4 - 7　专项档案设置界面

六、自定义辅助类别档案设置

自定义辅助类别是用户根据公司自身需要自行设置的辅助核算，如涉及存货辅助核算可以在【其他】项中自定义。

【业务描述】

富士达自定义辅助档案，如表 4-5 所示。

表 4-5 自定义辅助类别资料表

编号	库存商品名称
0001	电视机
0002	冰箱
0003	洗衣机

【操作步骤】

（1）在图 4-2 中，点击【其他】功能按钮，录入自定义辅助类别档案。

（2）点击编号列下的第一个空白框，自动填充自定义辅助类别，输入自定义专项名称，完成第一个自定义辅助类别档案的录入，点击回车键进行下一个自定义辅助类别档案的录入。完成所有自定义辅助类别档案的录入后如图 4-8 所示。

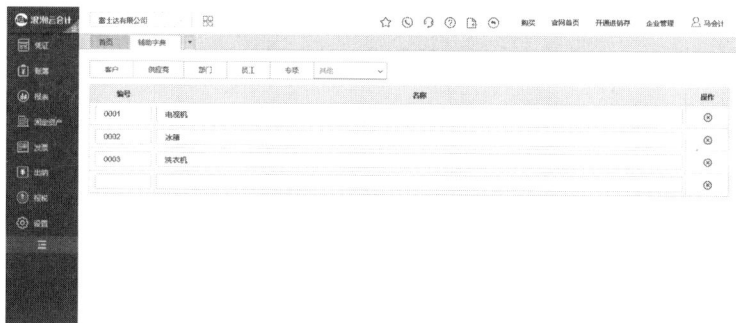

图 4-8 自定义辅助类别档案设置界面

第三节 会计科目操作

会计科目是财务软件系统中的重要基础资料，所有财务数据都是通过会计科目来管理的，它是财务系统核算的基础。本节主要介绍云会计的会计科目操作。

4.3 会计科目操作

一、会计科目准备

会计科目是对会计对象具体内容分门别类进行核算所规定的项目，它是填制会计凭证、登记会计账簿、编制会计报表的基础。会计科目的设置层次决定了会计核算的详细、准确程度。新建账套在第一次使用时，或多或少都要对会计科目进行增、删、修改等操作。如果原公司有较多的供应商、客户、员工的明细科目，可以考虑去掉原来的明细科目，把会计科目设置成为相应的供应商、客户、员工辅助核算科目；如果需要对部分科目进行部门核算，可以考虑把这些科目设置成为部门辅助核算科目；如果该公司需要对某些项目进行核算，可以考虑把相关科目设置成为专项辅助核算科目。本书以富士达公司1月份的业务为例进行介绍。

【业务描述】

富士达公司整理后的会计科目如表4-6所示。

表4-6 富士达公司会计科目及编码表

科目编号	科目名称	类别	计量单位	余额方向	辅助核算
1001	库存现金	资产		借	
1002	银行存款	资产		借	
1002001	工商银行（基本账户）	资产		借	
1002002	商业银行（纳税账户）	资产		借	
1121	应收票据	资产		借	客户
1122	应收账款	资产		借	客户
1123	预付账款	资产		借	
1131	应收股利	资产		借	
1132	应收利息	资产		借	
1221	其他应收款	资产		借	部门、员工
1231	坏账准备	资产		贷	
1401	材料采购	资产		借	
1402	在途物资	资产		借	
1403	原材料	资产		借	
1403001	原料及主要材料（200吨）	资产	吨	借	

续表

科目编号	科目名称	类别	计量单位	余额方向	辅助核算
1403002	辅助材料（200 个）	资产	个	借	
1403003	修理用备件（200 个）	资产	个	借	
1404	材料成本差异	资产		借	
1405	库存商品	资产		借	
1405001	PAI（120 台、产成品仓库）	资产	台	借	
1531	长期应收款	资产		借	
1601	固定资产	资产		借	
1602	累计折旧	资产		贷	
1603	固定资产减值准备	资产		贷	
1604	在建工程	资产		借	
1605	工程物资	资产		借	
1606	固定资产清理	资产		借	
1901	待处理财产损溢	资产		借	
1901001	待处理流动资产损溢	资产		借	
1901002	待处理非流动资产损溢	资产		借	
1901003	流动资产	资产		借	
2001	短期借款	负债		贷	
2201	应付票据	负债		贷	供应商
2202	应付账款	负债		贷	供应商
2203	预收账款	负债		贷	
2211	应付职工薪酬	负债		贷	
2211001	应付职工工资	负债		贷	
2211002	应付奖金、津贴和补贴	负债		贷	
2221	应交税费	负债		贷	
2221001	应交增值税	负债		贷	
2221001001	进项税额	负债		借	
2221001005	销项税额	负债		贷	
2221001007	进项税额转出	负债		贷	
2231	应付利息	负债		贷	
2231001	长期借款利息	负债		贷	
2231002	短期借款利息	负债		贷	

续表

科目编号	科目名称	类别	计量单位	余额方向	辅助核算
2232	应付股利	负债		贷	
2241	其他应付款	负债		贷	供应商
2502	应付债券	负债		贷	
2701	长期应付款	负债		贷	
4001	实收资本	权益		贷	
4002	资本公积	权益		贷	
4101	盈余公积	权益		贷	
4101001	法定盈余公积	权益		贷	
4101002	任意盈余公积	权益		贷	
4103	本年利润	权益		贷	
4104	利润分配	权益		贷	
4104002	提取法定盈余公积	权益		贷	
4104003	提取职工奖励及福利基金	权益		贷	
4104004	提取任意盈余公积	权益		贷	
4104006	未分配利润	权益		贷	
5001	生产成本	成本		借	
5001001	直接材料	成本		借	
5001002	直接人工	成本		借	
5001003	制造费用	成本		借	
5101	制造费用	成本		借	
6001	主营业务收入	损益		贷	
6011	利息收入	损益		贷	
6051	其他业务收入	损益		贷	
6061	汇兑损益	损益		贷	
6101	公允价值变动损益	损益		贷	
6111	投资收益	损益		贷	
6301	营业外收入	损益		贷	
6401	主营业务成本	损益		借	
6402	其他业务成本	损益		借	
6403	税金及附加	损益		借	
6411	利息支出	损益		借	

续表

科目编号	科目名称	类别	计量单位	余额方向	辅助核算
6601	销售费用	损益		借	
6601007	广告费	损益		借	
6602	管理费用	损益		借	
6602002	办公费	损益		借	
6602007	差旅费	损益		借	
6602009	固定资产折旧	损益		借	
6603	财务费用	损益		借	
6603001	利息费用	损益		借	
6603002	汇兑损益	损益		借	
6701	资产减值损失	损益		借	
6711	营业外支出	损益		借	
6711001	非流动资产处置净损失	损益		借	
6711002	赞助支出	损益		借	
6711003	捐赠支出	损益		借	
6711004	盘亏损失	损益		借	
6711005	坏账损失	损益		借	
6801	所得税费用	损益		借	
6901	以前年度损益调整	损益		借	

二、新增科目

浪潮云会计已经为用户预设了通用会计科目体系的一级会计科目和部分二级明细科目，企业仅需要根据自身核算需求增加部分明细科目或者修改科目属性即可。

（一）新增明细科目

【操作步骤】

（1）在如图 4 - 1 所示的云会计操作界面中，点击【设置】→【科目】功能按钮，进入图 4 - 9 所示界面。

图 4 - 9　增加科目操作界面

（2）在图 4 - 9 所示界面中将光标移至所需增加下级科目的科目编码行，在该科目编号右侧即时显示两个功能按钮 ⊕ ✐，点击 ⊕ 功能按钮，弹出"新增科目"界面，填写完成科目名称后，点击【保存】功能按钮即增加一个下级科目。

【注意事项】

（1）会计科目编码应符合编码规则。云会计默认 4 - 3 - 3 - 2 - 2 五级会计科目编码体系，一级编码长度 4，且不允许修改，其他级次的编码长度可以根据用户需求，在【设置】→【系统设置】→【基础设置】功能按钮中进行修改。本书中案例采用默认的编码方案。

（2）新增会计科目一般情况下是"金额式"，如果选择"数量金额式"还应继续设置计量单位。

（二）新增银行科目

【业务描述】

以"1002 银行存款"新增下级科目"1002001 工商银行（基本账户）"为例介绍新增银行科目操作。

【操作步骤】

在图 4 - 9 中，将光标移至银行存款编码行，在该科目编码右侧即时显示两个功能按钮，点击 ⊕ 功能按钮，弹出"新增科目"界面，如图 4 - 10 所示。填写完成科目名称后，点击【保存】功能按钮。若点击【保存并新增】功能按钮，可以继续增加下一个科目。

图4-10　银行二级科目增加界面

（三）新增数量金额式科目

【业务描述】

以"1403原材料"新增下级科目"1403001原料及主要材料"为例介绍新增数量金额式科目操作。

【操作步骤】

在图4-9中，将光标移至原材料编码行，在该科目编码右侧即时显示两个功能按钮，点击 ⊕ 功能按钮，弹出"新增科目"界面，如图4-11所示。输入科目名称、计量单位，点击【保存】功能按钮即可完成。

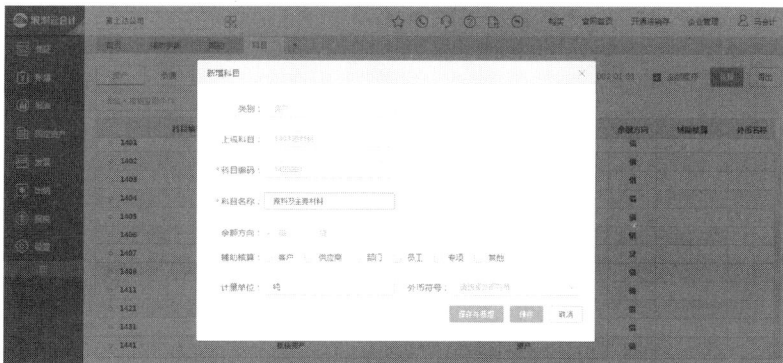

图4-11　数量金额式科目增加界面

（四）设置辅助核算类科目

【业务描述】

以客户往来类的"1121应收票据"为例，介绍辅助核算设置操作。

【操作步骤】

在图4-9中，将光标移至应收票据编码行，在该科目编码右侧即时显示两个功能按钮，点击 功能按钮，弹出"编辑科目"界

面，如图 4 - 12 所示。在辅助核算中勾选客户前面的复选框，点击
【保存】功能按钮。

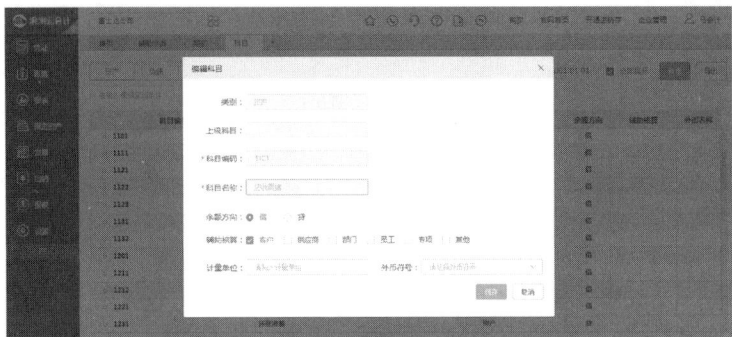

图 4 - 12　设置辅助核算界面

其他辅助核算操作同上。

【注意事项】

（1）辅助核算必须设在末级科目上，但为了查询或出账方便，可以在其上级和末级同时设置相同的辅助核算。

（2）凡是设置成为辅助核算内容的会计科目，在填制凭证时都需要填制具体的辅助核算内容。

三、修改科目

【操作步骤】

若需对已有的科目进行修改，则将光标移至该科目编码行，在该科目编码右侧即时显示三个功能按钮 ⊕ ✎ ⊗，点击 ✎ 功能按钮，弹出"编辑科目"界面，如图 4 - 12 所示。用户在"编辑科目"界面的相应栏目中进行修改并点击【保存】功能按钮即可。

【注意事项】

如果某科目已录入期初余额，或已被填制记账凭证，则不能修改、删除。如果确实要修改该科目，则必须先删除含有该科目的记账凭证，并将该科目及其下级科目的余额清零，然后才能修改。科目修改完毕后，要将已删除的记账凭证补填制，并将余额补录入。

四、删除科目

【操作步骤】

若需对已有的科目进行删除，则将光标移至该科目编码行，在该

科目编码右侧即时显示三个功能按钮，点击 ⊗ 功能按钮，即可删除该科目。

【注意事项】

（1）云会计平台预先内置的所有一级科目和部分二级科目，不能删除。

（2）非末级科目，不能删除。

（3）已录入期初余额的科目、已录入辅助核算期初余额的科目、已填制记账凭证的科目、已记账的科目等已使用科目不能直接删除。

第四节 期初余额录入

本节主要介绍浪潮云会计初始化中的期初余额录入。

一、期初余额录入

期初余额录入是指在总账系统中录入各会计科目期初余额。在正式开始填制记账凭证之前，应先将各科目当年1月至启用期间上一个月之间的本年借方累计发生额和本年贷方累计发生额，以及启用当月的月初余额，输入总账的期初余额表中。期初设置界面如图4－13所示。

图4－13 期初设置界面

【业务描述】

本书以富士达公司1月份这一个月的业务做演示，按照首次使用云平台的操作步骤，手动录入各科目的期初余额。各科目期初数据如表4－7所示。

表 4-7　　　　　　富士达公司各科目期初余额表　　　　单位：元

科目编码	科目名称	期初余额	科目编码	科目名称	期初余额
1001	库存现金	22 200	2201	应付票据	
1002	银行存款		0001	海河海绵铁矿公司	400 000
1002001	工商银行（基本账户）	4 600 000	2202	应付账款	
1002002	商业银行（纳税账户）	2 300 000	0002	沈阳铁矿石公司	180 000
1121	应收票据		0003	海河机械配件公司	3 200
0003	吉林机械装配公司	702 000	0004	深商机械配件厂	0
1122	应收账款		2211	应付职工薪酬	0
0001	大港汽配厂	1 170 000	2221	应交税费	0
0002	湖南机械配置公司	585 000	2241	其他应付款	
1221	其他应收款		0003	海河机械配件公司	30 000
0005	仓管部王库存	0	4001	实收资本	10 000 000
1403	原材料		4002	资本公积（其他）	980 000
1403001	原料及主要材料（200吨）	1 500 000	4101	盈余公积	
1403002	辅助材料（200个）	140 000	4101001	法定盈余公积	930 000
1403003	修理用备件（200个）	40 000	4101002	任意盈余公积	170 000
1405	库存商品		4103	本年利润	527 308.34
1405001	PAI（120台）	1 440 000	4104	利润分配	
1601	固定资产	170 000	4104006	未分配利润	320 000
1602	累计折旧	2 691.66			
5001	生产成本——基本生产成本				
5001001	直接材料	768 000			

续表

科目编码	科目名称	期初余额	科目编码	科目名称	期初余额
5001002	直接人工	50 000			
5001003	制造费用	56 000			
	资产合计	13 540 508.34		负债所有权益合计	13 540 508.34

【操作步骤】

将表4－7的期初余额在图4－13中的末级科目文本框中录入，录入结果如图4－14所示。

4.4 期初余额
录入

图4－14　期初余额录入界面

【注意事项】

（1）在金额栏中，如果是末级科目，需用户将金额直接输入；系统将根据其下级科目的金额，自动根据科目的层级关系得出上级科目余额。

（2）首次使用云会计平台，如果期中建账，必须录入各科目的期初余额和本年累计发生额；如果期初建账，只需录入期初余额。

（3）对老用户，使用年终"结账"功能之后，账套自动将上一年度各账户的"年末余额"结转到下年度的"期初余额"和"年初余额"上，无须用户再行录入。

（4）对于具有辅助核算的科目期初余额录入，通过点击科目旁 ⊕ 功能按钮，手工选择辅助核算类型。

二、期初余额试算平衡

余额录入完毕后，还需核对期初余额，并进行试算平衡。

【业务描述】

所有余额录入完毕后，要经过试算，检验期初余额是否平衡。

【操作步骤】

在图4-14中，点击左上角的【试算平衡】功能按钮，云会计平台将根据账户属性及期初余额、累计发生额的平衡原理，自动进行平衡公式运算，快速运算结束之后，报告试算平衡结果，如图4-15所示。

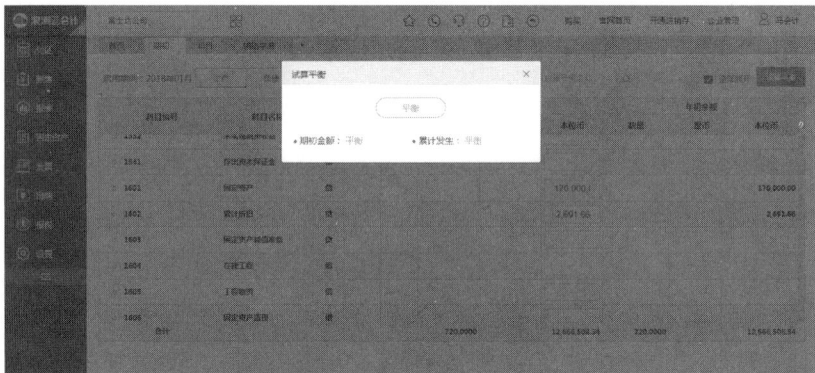

图4-15 试算平衡界面

【注意事项】

如果期初余额不平衡或者累计发生额不平衡，说明数据录入不正确，请用户进一步仔细检查录入的数据，直到以上各类数据达到平衡。

第五章
云会计账务处理

教学目的及要求：

本章主要介绍浪潮云会计账务处理的基本功能和操作步骤。云会计的总账、固定资产、会计报表管理共同构成了整个账务处理系统，因固定资产模块比较简单，也在本章中加以介绍。本章作为本书的重要章节，需要重点掌握日常处理中的凭证处理和期末业务处理；了解固定资产业务的基本操作和一键报税的基本操作。

第一节 总账概述

本节主要介绍总账系统功能和系统接口，为讲解总账系统的后续操作打下良好的基础。

一、总账功能

5.1 总账概述

不论是传统财务软件还是云会计，总账都占据着十分重要的位置。浪潮云会计总账核算的基本功能与传统财务软件类似，主要包括初始设置、凭证处理、账簿处理、辅助核算和月末处理等，相比之下云会计的总账处理更加简单、智能。

（一）初始设置

初始设置的基本功能是由用户根据自己的需求建立账务应用环境，将通用账务处理转化为适合本单位实际工作需求的专用系统，主要包括设置所需的会计科目、录入期初余额等，此部分已在第四章加以介绍。

（二）凭证管理

凭证管理可完成凭证的智能录入、修改、审核等基本操作，主要功能有：（1）按凭证号或日期自动排序、整理断号。（2）支持全键盘、快捷键操作，自动平衡借贷差额。（3）进销存单据直接生成凭证。（4）支持电子发票，对接航信、百旺开票系统，进项、销项发票一键生成凭证；集成微信电子发票，一键读取卡包发票，手机数据直接导入。（5）凭证审核功能兼具记账功能，无须记账操作。

（三）出纳管理

出纳管理为出纳人员提供一个集成办公环境，加强对现金及银行存款的管理。云会计提供支票登记簿功能，用来登记支票的领用情况，协助出纳人员完成银行日记账、现金日记账的填制和生成。

（四）固定资产管理

固定资产管理支持资产记录自动生成凭证，实现资产管理与价值管理的统一；资产数据一键导入，自动计提折旧。

（五）账簿管理

账簿管理提供多种条件查询总账、日记账、明细账等，具有总账、明细账和凭证联查功能，提供各类辅助账簿查询功能。

（六）报表生成

智能报表自动生成功能，包括资产负债表、利润表、现金流量表、利润表季报、纳税申报表等。报表自动取数，灵活获取报表数据；收入、利润、费用、应收、应付等实时呈现。支持纳税报表一键报税，现支持山东、山西、四川、河北、浙江等地，其他地区后期将陆续开通。

（七）月末处理

云会计提供了 9 种结转模板，期末结转自动生成；还可以对结账风险智能监测，避免财税风险。

二、总账与其他系统的关系

总账系统以货币作为主要计量单位，综合反映企业进销存的所有方面。经过总账系统处理的会计数据一般具有很强的综合性和概括性。它是整个会计信息系统数据交换的桥梁和纽带，把其他功能模块有机地结合在一起，共同组成了一个完整的账务处理系统。总账系统与其他子系统的关系如图 5-1 所示。

（1）固定资产。总账系统接收从固定资产系统传递的凭证。

（2）采购管理。通过业财一体模块将采购部分数据转变生成凭证并传递到总账系统。

（3）销售管理。通过业财一体模块将销售部分数据转变生成凭证并传递到总账系统。

（4）库存管理。通过业财一体模块将库存部分数据转变生成凭证并传递到总账系统。

（5）资金管理。通过业财一体模块将资金部分数据转变生成凭证并传递到总账系统。

（6）发票管理。总账系统接收从发票系统传递的凭证。

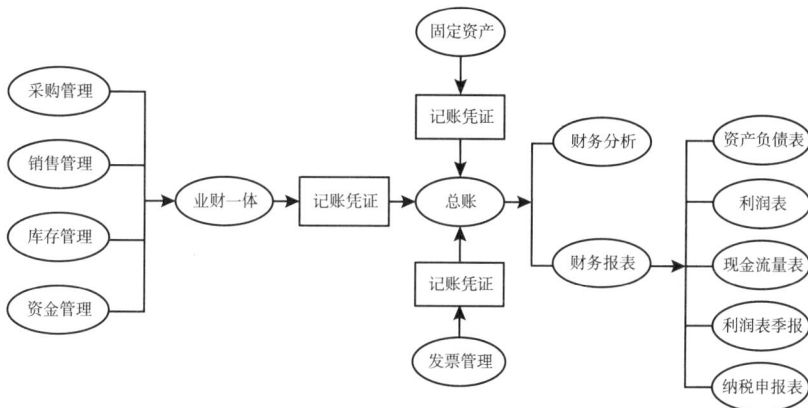

图 5-1　总账系统与其他子系统的关系

第二节　凭证管理

凭证处理模块主要是完成对凭证的日常处理工作，包括凭证录入、凭证审核、凭证汇总、凭证查询、打印等功能。本节主要介绍云会计的凭证录入、修改、审核、查询等操作。

5.2 凭证管理

一、凭证录入

凭证录入模块是总账系统中凭证处理的一个重要子模块，其功

能是将记账凭证的格式显示在屏幕上，操作人员通过键盘输入形成会计凭证。在录入过程中对会计科目等凭证要素进行检查，如果凭证正确无误，则将凭证保存在凭证文件中；否则拒绝保存，等待操作员修改。记账凭证是登记账簿的依据，在实行云会计等电子化手段进行账务处理后，电子账簿的安全性和准确性完全依赖于记账凭证，因而要求用户确保记账凭证录入的准确和完整。本部分先介绍云会计凭证构成及有关规则，再通过几笔业务介绍云会计凭证录入的具体步骤。

图5-2是云会计的记账凭证格式，凭证主体包括凭证名称、凭证字号、日期、附单据数、摘要、会计科目、借方金额、贷方金额、金额合计、制单人。

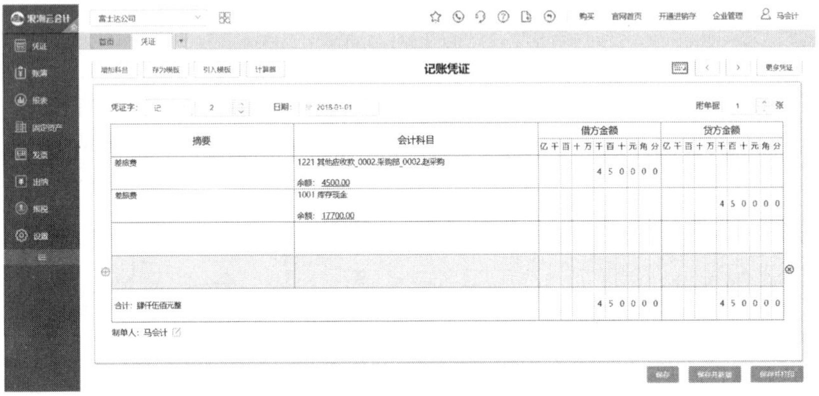

图5-2　记账凭证界面

凭证各部分说明如下：

（1）凭证编号。浪潮云会计对凭证类别不分类，统一采用"记账凭证"。凭证编号是指记账凭证的编号，提供自动编号和手工编号两种方法。一般情况下，系统按月从1日开始自动编号，建议采用自动编号。

（2）凭证日期。云会计自动默认现有凭证日期之后的日期，如果自动显示的凭证日期不符合用户要求，可直接修改或从弹出的日历框选择。

（3）输入摘要。在摘要栏中，输入本行科目的简要业务说明，要求简洁明了。摘要录入方法：直接录入；本张凭证第一行摘要可以由手工录入，第二行以后的摘要系统可自动复制上一行摘要。

（4）输入科目。系统有以下两种录入方法：①直接录入科目编码，如果输入的科目编码有重码时，平台会智能提示所有重名的科目；②直接录入科目中文名称，如果输入的科目中文名称有重复，系统会自动提示所有重名的科目。

（5）录入金额。需要注意：①凭证金额如果是负数时，在金额前加负号的形式录入，显示时为红字金额。②如果是数量金额式科目，需要录入数量和单价，系统自动计算出借方金额或贷方金额；或者系统可根据录入的数量和借贷方金额自动计算出单价。③输入最后一行金额时，光标在指定金额栏时，按下"="键，系统将根据借方和贷方的差额，自动计算此行科目的金额。④借方金额、贷方金额录入并确定之后，点击【保存】功能按钮，此时系统启动平衡检验机制，检验本张凭证借方金额、贷方金额是否平衡；若平衡，则不再提示予以保存；若不平衡，则出现系统提示，用户据此检查和修改借贷方金额。

（6）附单据数。附单据数是指本张记账凭证所附的原始凭证张数。

（7）凭证录入快捷键。在凭证录入界面，将鼠标移动到"键盘"图标处，则显示快捷键，如图5-3所示。

图5-3　快捷键界面

【业务描述】

（1）1月1日，公司购买办公用品3 000元，增值税为510元，以转账支票方式支付，原始单据如图5-4所示。

借：管理费用——办公费　　　　　　　　　3 000

　　应交税费——应交增值税——进项税额　　510

　　贷：银行存款　　　　　　　　　　　　　　　3 510

中国工商银行转账支票存根

支票号码: 18890768904

科　　目:

对方科目:

签发日期: 2018 年 1 月 1 日

收款人: 某办公用品公司
金　额: ￥3,510.00
用　途: 购买办公用品
备　注:

单位主管: (略)　　　　会计: (略)

复　　核: (略)　　　　记账: (略)

图 5-4　业务一原始单据

(2) 1 月 1 日, 采购部赵采购预借差旅费 4 500 元, 以现金支付, 原始单据如图 5-5 所示。

借　支　单

2018 年 1 月 1 日　　　　　　　　第　1　号

姓名	赵采购	所属部门	采购部	借支事由	外出调研							
					十	万	千	百	十	元	角	分
人民币(大写): 肆仟伍佰元整			现金付讫			￥	4	5	0	0	0	0
同意借支。李达凯 2018 年 1 月 1 日				现金 √								
主管:	赵采购	财务负责人	李达凯	收款人	赵采购							

图 5-5　业务二原始单据

借: 其他应收款 (采购部; 赵采购)　　　　　　　　4 500

　　贷: 库存现金　　　　　　　　　　　　　　　　　　　4 500

(3) 1 月 5 日, 公司从沈阳铁矿石公司购买了 100 吨原材料, 售价为每吨 7 800 元; 当日验收入原料仓库, 货款尚未支付。原始单据如图 5-6 所示。

借: 原材料——原料及主要材料　　　　　　　　780 000

　　应交税费——应交增值税——进项税额　　132 600

　　贷: 应付账款——沈阳铁矿石公司　　　　　　912 600

购 销 合 同

合同编号：CG00001

卖方：沈阳铁矿石公司
买方：富士达公司

为保护买卖双方的合法权益，买卖双方根据《中华人民共和国合同法》的有关规定，经友好协商，一致同意签订本合同并共同遵守。

一、货物的名称、数量及金额

货物名称	计量单位	数量	单价（不含税）	金额（不含税）	税率	税额
铁矿石	吨	100	7,800.00	780,000.00	17%	132,600.00

二、合同总金额：人民币玖拾壹万两仟陆佰元整 （¥912,600.00）。

卖 方：沈阳铁矿石公司
授权代表：龙跃
日 期：2018 年 1 月 5 日

买 方：富士达公司
授权代表：胡阳雪
日 期：2018 年 1 月 5 日

图 5 - 6 业务三原始单据

（4）1 月 8 日，公司支付广告费，增值税专用发票注明价税合计为 106 000 元。企业以转账支票支付。原始单据如图 5 - 7 所示。

湖南省增值税专用发票

No 23092348910

4300623851
开票日期：2018 年 1 月 8 日

购货单位	名 称：富士达公司 纳税人识别号：320302897896723 地址、电话：天津市和平区建设路 1118 号 022-87856988 开户行及账号：中国建设银行天津市建设路支行 6227676890895645209	密码区	10008978+*2〉618//*4646 4161145641/*-+4164〉6*- 46〉/--2338990/*-52678 12345/*980--〉-9807*90 14/-*/98--+2+2〉9098&

第三联：发票联 购货方记账凭证

货物或应税劳务名称	规格型号	单位	数量	单价	金 额	税率	税 额
广告费					100,000.00	6%	6,000.00
合 计					¥100,000.00		¥6,000.00

价税合计	人民币（大写）十万零陆仟元整		（小写）¥106,000.00

销货单位	名 称：湖南伊莱瑞广告制作有限公司 纳税人识别号：430009880782345 地址、电话：株洲醴陵市天元区解放路 625 号 0733-86889889 开户行及账号：中国建设银行株洲市醴陵天元支行 6227238987990007867	备注	

收款人：略 复核：略 开票人：略 销货单位：（章）略

图 5 - 7 业务四原始单据

借：销售费用——广告费　　　　　　　　　　100 000
　　应交税费——应交增值税——进项税额　　　6 000
　　　贷：银行存款　　　　　　　　　　　　　　　106 000

（5）1 月 12 日，向大港汽配厂销售 30 台 PAI 设备，单价 19 000元每台，商品从外购品仓库发出，并据此开具专用销售发票一张，当日将票据交给财务部门，结转此项业务的收入和成本。原始单据如图 5 - 8 所示。

天津市增值税专用发票　　　　No 1092348907

3257462584　　　开票日期：2018年1月12日

	名　　称：大港汽配厂						密码区	668098+*2〈618//*46464161 145641/*-+4164〉6758/*- 46〈/--45487690/*-53568 12345/*980--〈-9807*90 14/-*/98--+2+2〉〈12345&908 765908/-*
购货单位	纳税人识别号：440300980786785 地址、电话：天津市高新开发区南山区中一道5号 0755-89897656 开户行及账号：中国工商银行高新支行 6223676890890564529							

货物或应税劳务名称	规格型号	单位	数量	单价	金　额	税率	税额
PAI产品		台	30	19,000.00	￥570,000.00	17%	￥96,900.00
合　计							

价税合计	人民币陆拾陆万陆仟玖佰元整		(小写)￥666,900.00

销货单位	名　　称：富士达公司 纳税人识别号：320302897896723 地址、电话：天津市和平区建设路1118号 022-87856988 开户行及账号：中国建设银行天津市建设路支行 6227676890895645209	备注	富士达公司 发票专用章

收款人：略　　　复核：略　　　开票人：略　　　销货单位：(章)

图5-8　业务五原始单据

借：应收账款　　　　　　　　　　　　　　　　666 900
　　贷：主营业务收入　　　　　　　　　　　　　570 000
　　　　应交税费——应交增值税——销项税额　　96 900
借：主营业务成本　　　　　　　　　　　　　　330 000
　　贷：库存商品　　　　　　　　　　　　　　330 000

（6）1月31日，结转本月职工薪酬。上年月平均应付工资总额为320 000元，其中生产工人为180 000元，车间生产人员60 000元，管理人员为80 000元，如表5-1所示。

表5-1　　　　　　业务六职工薪酬汇总表

2018年1月　　　　　　　　　　单位：元

人员类别	生产工人	车间生产人员	管理人员	合计
工资总额	180 000	60 000	80 000	320 000

借：生产成本——基本生产成本——直接人工　180 000
　　制造费用　　　　　　　　　　　　　　　　60 000
　　管理费用　　　　　　　　　　　　　　　　80 000
　　贷：应付职工薪酬　　　　　　　　　　　　320 000

（7）1月31日，通过银行存款发放本月职工工资，原始单据如图5-9所示。

中国工商银行转账支票存根
支票号码：18890768904
科　　目：
对方科目：
签发日期：2018 年 1 月 31 日

收款人：富士达公司
金　　额：￥320,000.00
用　　途：发放工资
备　　注：

单位主管：（略）　　　会计：（略）
复　　核：（略）　　　记账：（略）

图 5 - 9　业务七原始单据

借：应付职工薪酬——应付职工工资　　　　　　　　　　320 000
　　贷：银行存款　　　　　　　　　　　　　　　　　　　320 000

【操作步骤】

（1）填制业务一记账凭证。

①点击左侧主菜单栏中的【凭证】→【凭证】功能按钮，进入新增凭证界面，如图 5 - 10 所示。

图 5 - 10　新增凭证界面

②根据业务输入凭证字号、日期、附单据数。

③在摘要栏输入摘要"购买办公用品"，在会计科目栏输入编码"6602"或"管理费用"，选择"管理费用——办公费"，并输入借方金额"3 000"，没有小数位会自动补齐角和分位。

④点击摘要栏第二行，自动复制第一行内容，在第二行的会计科目输入现金科目的编码"2221"或"应交税费"，选择"应交税

费——应交增值税——进项税额"，输入借方金额"510"。

⑤点击摘要栏第三行，自动复制第一行内容，在第三行的会计科目输入现金科目的编码"1002"或"银行存款"，选择"银行存款——工商银行（基本账户）"，输入贷方金额"3 510"。

⑥点击任意空白处，系统显示一张完整的凭证，如图 5 -11 所示，点击【保存并新增】功能按钮，保存并开始填制下一张记账凭证。

图 5 -11　凭证填制界面

（2）填制业务二有辅助核算的记账凭证。

如果输入的凭证中涉及的科目设置了辅助核算的属性，在输入会计科目代码或者名称时，在会计科目下方会自动出现辅助信息列表，将辅助信息填写完整后，会显示在凭证对应会计科目下方，以业务二为例的凭证填制。

①根据业务输入凭证字号、日期、附单据数，在摘要栏输入摘要"差旅费"，在对应的会计科目栏输入编码"1221"或"其他应收款"，在弹出的"辅助核算"窗口，部门选择"采购部"，员工选择"赵采购"，如图 5 -12 所示。

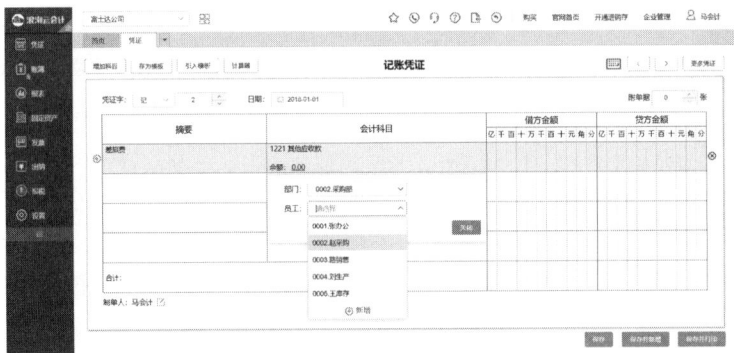

图 5 -12　辅助核算录入界面

②输入借方金额"4 500"。

③点击摘要栏第二行，自动复制第一行内容，在第二行的会计科目栏输入现金科目的编码"1001"或"库存现金"，并输入贷方金额"4 500"。

④点击任意空白处，系统显示一张完整凭证，如图5－13所示。点击【保存并新增】功能按钮，保存并开始填制下一张记账凭证。

图5－13　有辅助核算的凭证填制界面

（3）填制业务三有数量金额辅助核算的记账凭证。

若会计业务所涉及的会计科目是数量金额式科目，在输入会计科目或名称后，在凭证中会自动新增【数量/外币】一列，如图5－14所示，在录入数量和单价之后，系统自动计算出借方金额或贷方金额；或者系统可根据录入的数量和借贷方金额自动计算出单价。

图5－14　数量金额式辅助核算录入界面

①根据业务输入凭证字号、日期、附单据数，并在摘要栏输入摘

要"购入原材料"。

②在会计科目栏输入编码"1403001"或"原材料——原料及主要材料",会弹出数量栏,只需要填写"数量""借方金额"会自动计算出"单价",本例中,"数量"输入"100","借方金额"输入"7 800 000","单价"自动计算出"7 800",如图 5 – 15 所示。

图 5 – 15 数量金额式辅助核算凭证录入界面

③按照上述方法,填写"2201001001 应交税费——应交增值税——进项税额"(无辅助核算),"2202 应付账款"(供应商辅助核算:0002 沈阳铁矿石公司)。

④点击任意空白处,系统显示一张完整的凭证,如图 5 – 16 所示。点击【保存并新增】功能按钮,保存并开始填制下一张记账凭证。

图 5 – 16 数量金额式辅助核算凭证填制界面

(4)填制其他业务凭证。

业务四至业务七的记账凭证填制方法与上述类似,图 5 – 17 ~

图 5－20 是填制后结果。

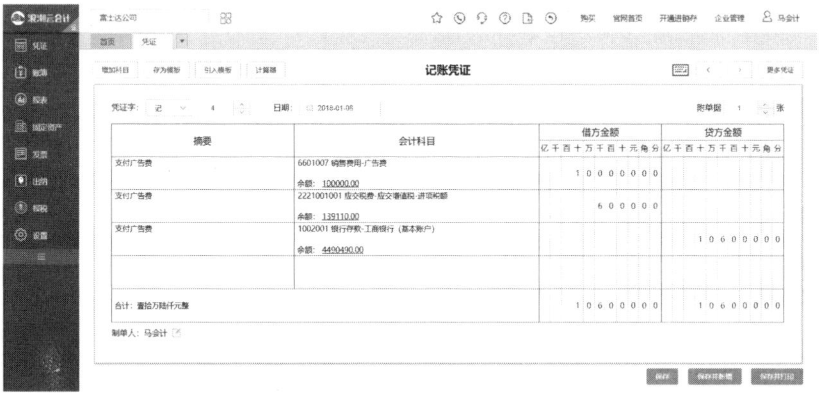

图 5－17　业务四凭证界面

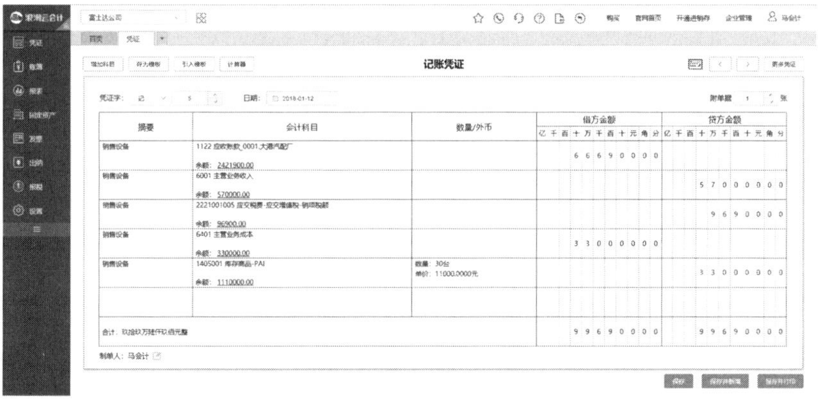

图 5－18　业务五凭证界面

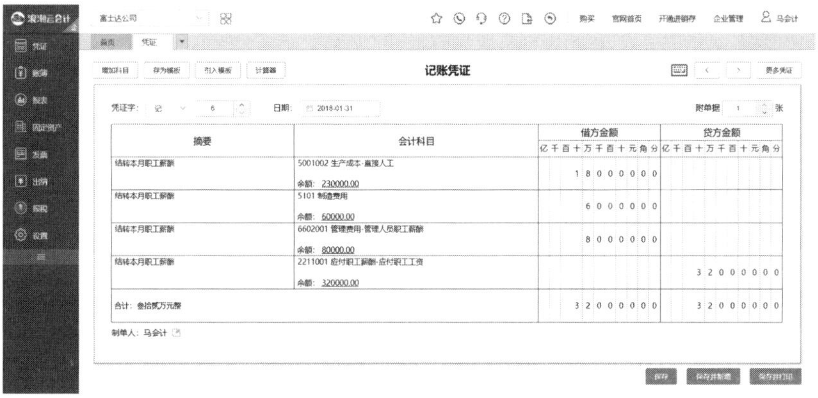

图 5－19　业务六凭证界面

图 5-20　业务七凭证界面

二、凭证修改

如果系统中的凭证需要变动，可以进行凭证修改。

【业务描述】

以修改未审核的业务二凭证为例，要求：将金额修改为 5 000 元。

【操作步骤】

点击要修改的凭证记录右侧的 ✎ **修改**功能按钮，如图 5-21 所示，点击进入"凭证修改"界面。

图 5-21　凭证修改界面

进入该界面后，将光标移动到借方金额栏第一行处，删除要修改的金额后，直接将借方金额改为"5 000"，在贷方金额栏第二行输入贷方金额"5 000"或按"="键，如图 5-22 所示。点击【保存】功能按钮，系统提示保存成功。

图 5 - 22 凭证金额修改界面

【注意事项】

（1）系统无法修改已审核的凭证，如需修改已审核的凭证，需要先对该凭证进行反审核操作。

（2）未审核的凭证可以直接修改，凭证编号或日期也可修改，修改后凭证应保存并退出。

（3）凭证辅助项内容如有错误，修改操作同凭证录入辅助核算时的相同。

三、凭证审核

凭证审核是指由具有审核权限的操作员按照会计制度规定，对制单人填制的记账凭证进行合法性检查，其目的是防止错误及舞弊。审核时，可由具有审核权限的操作员根据原始凭证对记账凭证进行审核，系统会在凭证上自动填入审核人姓名。浪潮云会计提供单张审核和批量审核两种方式。

【业务描述】

审核记 1 号凭证。

【操作步骤】

（1）进入"查看凭证"界面，可浏览各张已制单的凭证，审核无误后勾选该张凭证前的复选框，点击右上方的【审核】功能按钮，如图 5 - 23 所示。

（2）系统提示审核通过，审核人处显示审核人姓名，如图 5 - 24 所示。

（3）如果审核人需要查看凭证的详细信息，也可进入"编辑凭证"界面，点击页面右下方的【审核】功能按钮，如图 5 - 25 所示。

图 5 – 23　审核凭证界面

图 5 – 24　审核通过界面

图 5 – 25　凭证审核详细界面

（4）记账凭证出现"已审核"标志，如图 5 – 26 所示。

图 5 - 26　已审核通过界面

【业务描述】

批量审核所有凭证。

【操作步骤】

点击左侧主菜单栏中的【凭证】→【查看凭证】功能按钮，进入"查看凭证"界面，勾选全部凭证，点击右上方【审核】功能按钮，如图 5 - 27 所示。

图 5 - 27　批量审核界面

【注意事项】

（1）浪潮云会计平台的审核操作包含自动记账功能，无须会计人员操作，使财务核算更加高效，这一点与传统财务软件有较大区别。

（2）如果审核后的凭证需要取消审核，可以由具有审核权限的操作员点击凭证中的【反审核】功能按钮即可取消审核。

四、凭证删除

对于错误且未审核的凭证，可以直接删除。

【业务描述】

删除记 2 号凭证。

【操作步骤】

点击左侧主菜单栏中的【凭证】→【查看凭证】功能按钮，进入"查看凭证"界面，每条凭证记录上，该条记录会出现 🗑 **删除**功能按钮，如图 5 - 28 所示。点击该功能按钮，系统提示"您是否要删除此凭证？删除后将不可恢复，并产生断号。"如确认删除则选择确认。

图 5 - 28　删除单张凭证界面

为解决修改、删除凭证导致的凭证断号问题，浪潮云会计在"查看凭证"界面提供了【整理断号】功能按钮，一键整理断号，梳理凭证号码使之连续，如图 5 - 29 所示。

图 5 - 29　整理断号界面

【注意事项】

已审核的凭证不能直接删除，必须在取消审核后再删除。

五、凭证模板

浪潮云会计为用户提供了设置凭证模板的功能。对于公司经常发生的同类业务，记账人员可设置相应的凭证模板，实际业务发生时可调取使用，以提高记账效率。

【业务描述】

将业务6结转本月职工薪酬凭证设置为凭证模板。

【操作步骤】

（1）打开记6号凭证，点击左上方【存为模板】功能按钮，如图5-30所示。

图5-30 设置凭证模板界面

（2）系统弹出设置对话框，进行"助记码"和"模板名称"设置，并可根据用户需求选择是否保存金额，如图5-31所示。

图5-31 设置模板界面

【业务描述】

调用结转薪酬模板。

【操作步骤】

（1）点击主菜单栏中的【凭证】→【引用模板】功能按钮，选择需要引用的结转薪酬模板，如图5-32所示。

图5-32　引用模板界面

（2）选择"结转薪酬"模板，根据发生业务的实际情况填写借贷方金额以及其他信息，如图5-33所示。

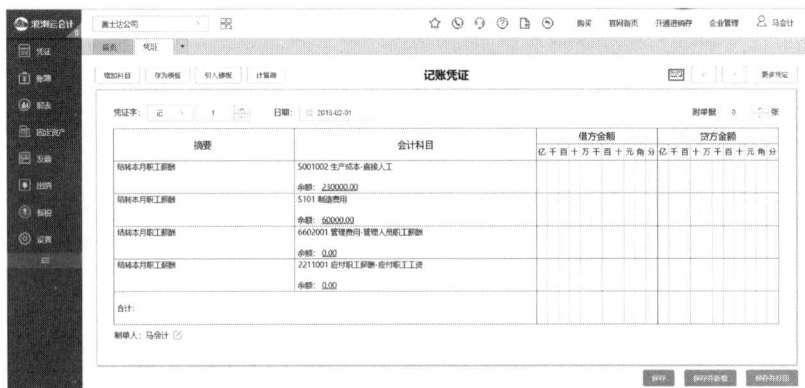

图5-33　模板引入后界面

六、凭证查询

在制单过程中，可以对凭证进行及时查询，以便随时了解经济业务发生的情况。可以查看已经保存的当期凭证，也可以查询其他年度或本年度某月的凭证。

【操作步骤】

（1）点击左侧主菜单栏中的【凭证】→【查看凭证】功能按钮，进入"凭证查询"界面，如图5-34所示。

图5-34 凭证查询界面

（2）点击图5-34中左上方"查看凭证"的"日期"对话框，显示图5-35的界面，可以看到云会计提供了多种凭证查询方式。可通过会计期间、状态（不限、已审核、未审核）、凭证字号、科目编号、金额范围等多种方式中的一种或几种组合进行查询，并可选择凭证编号排序或凭证日期排序中的一种作为结果展示的方式。此外，可以点击"查看凭证"中空白的"模糊查询"对话框，可以在"模糊查询"对话框中输入摘要的关键词，查询摘要中含有该关键词的凭证。

图5-35 凭证查询条件界面

第三节　出纳日记账

5.3 出纳
日记账

出纳是办理本单位的现金收付、银行结算及有关账务，保管库存现金、有价证券、财务印章及有关票据等工作的总称。出纳需要完成日记账的填制。日记账是按照经济业务的发生或完成时间的先后顺序逐日逐笔登记的账簿，设置目的是为了将经济业务按时间顺序清晰地反映在账簿记录中。本节主要介绍浪潮云会计的出纳日记账功能。

一、日记账录入

在每月月初时填制日记账月初余额。当发生涉及现金及银行存款业务时，具体填制日记账的收入或支出事项及金额。

【业务描述】

在 2018 年 1 月 1 日，录入库存现金的期初余额。

【操作步骤】

点击左侧主菜单栏中的【出纳】→【日记账】功能按钮进入"日记账期初余额填制"界面，并在余额栏填制期初余额，如图 5 - 36 所示。

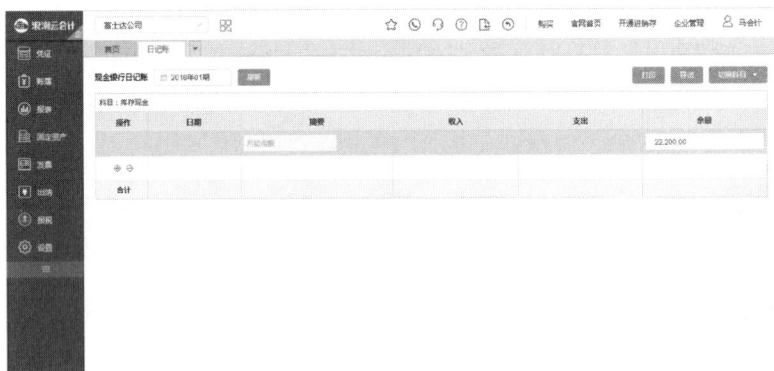

图 5 - 36　日记账期初余额填制界面

下面以第二节中的业务二为例介绍现金日记账的填制方法。

【业务描述】

1 月 1 日，采购部赵采购预借差旅费 4 500 元，以现金支付。

借：其他应收款（采购部：赵采购）　　　　　　　　4 500

贷：库存现金　　　　　　　　　　　　　　　　　　　　4 500

74

【操作步骤】

（1）该业务支出现金4 500元，应在现金日记账中进行列示。点击左侧主菜单栏中的【出纳】→【日记账】功能按钮进入"日记账填制"界面，按照具体业务描述输入日期、摘要、收入或支出金额，点击空白处，系统自动保存并计算余额，如图5－37所示。

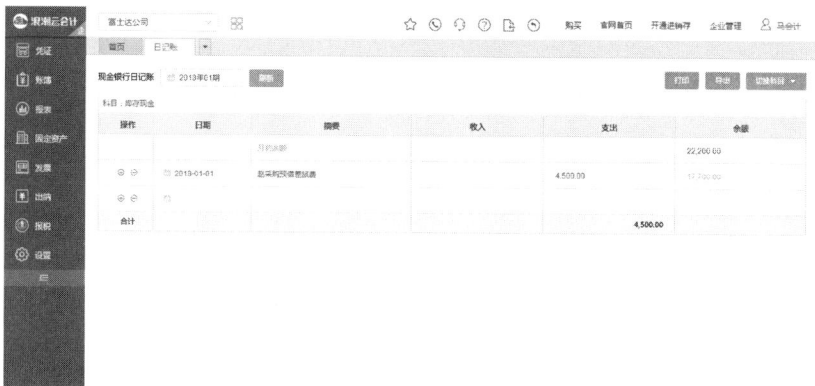

图5－37 日记账填制界面

（2）点击左侧操作栏下的 ⊕ ⊖ 功能按钮，可以进行增加行和删除行的操作。

（3）可以通过右上角的【打印】或【导出】功能按钮，打印或导出相关日记账内容。

【注意事项】

目前浪潮云会计暂不支持现金日记账或银行日记账的自动生成功能。

二、日记账切换

日记账分为现金日记账与银行日记账。现金日记账是用来逐日反映库存现金的收入、支出及结余情况的特种日记账；银行存款日记账通常是由出纳员根据审核后的有关银行存款凭证，逐日逐笔顺序登记。云会计提供了现金日记账与银行日记账的切换。

【业务描述】

现金日记账与银行日记账的切换。

【操作步骤】

点击日记账页面右上方的【切换科目】功能按钮，出现下拉菜单，从中选择要记账的科目来实现现金日记账与银行日记账的转换，如图5－38所示。银行日记账的填制方法与现金日记账相同。

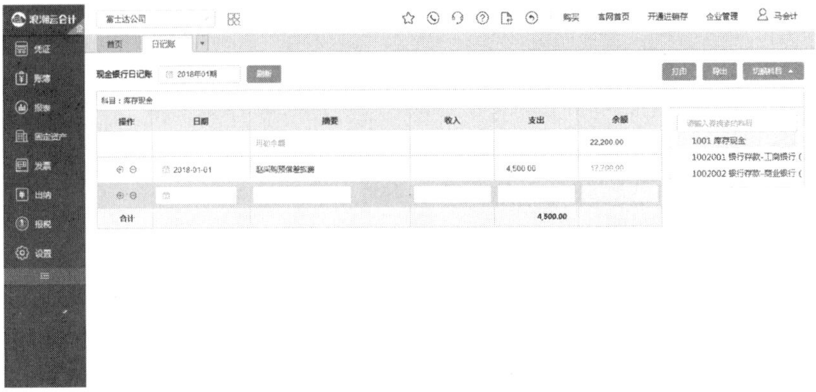

图 5 - 38　现金日记账与银行日记账的切换界面

第四节　固定资产管理

固定资产是指使用年限较长，单位价值较高，并且在使用过程中能够保持原有实物形态的资产。固定资产模块主要完成企业固定资产日常业务的核算和管理，按月反映固定资产的增加、减少、原值变化及其他变动，保证企业固定资产的安全完整并充分发挥其效能。本节主要介绍浪潮云会计固定资产管理操作。

一、固定资产录入

浪潮云会计固定资产模块相对其他系统较为简便，可以直接在一个页面中输入固定资产的相关信息，系统会根据填入的信息自动计算折旧额，并显示公司所有资产使用状态及折旧情况。

【业务描述】

富士达公司在 2017 年 10 月购入一台生产设备，固定资产原值170 000 元，预计残值率 5%，预计使用年限 10 年，按月计提折旧。截至 2018 年 1 月录入系统时，该固定资产已计提折旧 2 691.66 元。

【操作步骤】

（1）点击左侧主菜单栏中的【固定资产】功能按钮，进入"固定资产管理"界面，在右侧的固定资产列表中逐行填入相关信息。根据上述业务描述，分别填入该生产设备的名称、购买日期、原值、年限和残值率后，系统自动计算净值和本月折旧额，如图 5 - 39所示。

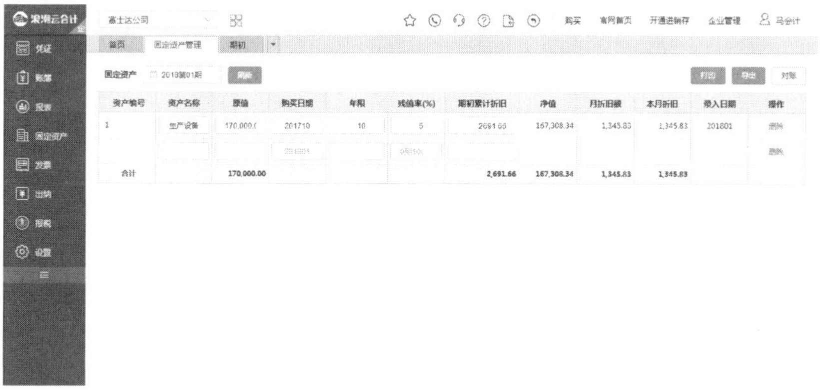

图 5-39 固定资产管理界面

（2）可以通过右上角的【打印】或【导出】功能按钮，将整个公司的固定资产情况打印或者导出。

【注意事项】

该固定资产模块默认固定资产的折旧计提方法是直线法。

二、折旧计算与对账

云会计固定资产模块设置了对账功能，可以通过此功能来检测固定资产管理模块中的资产账面价值、折旧金额与总账中的固定资产账面价值、折旧金额是否相符。

【操作步骤】

在图 5-39 中，点击【对账】功能按钮，结果如图 5-40 所示。

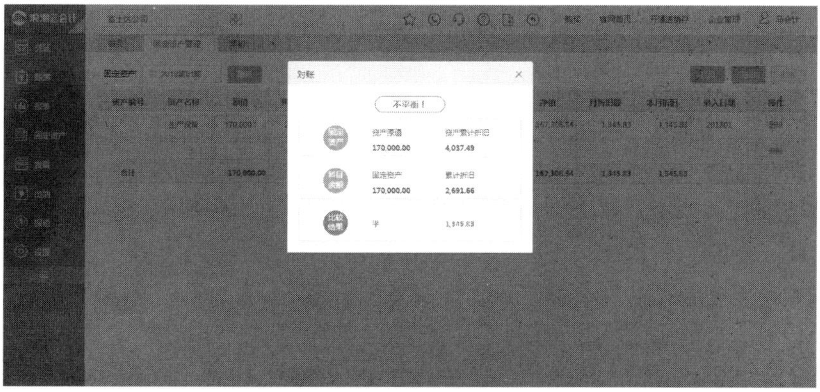

图 5-40 固定资产对账界面

如图 5-40 所示，固定资产的实际原值与账面原值相等，而资产实际计提的折旧额与账面上计提的折旧额不相等。这是由于本月的折旧未生成凭证造成的，要在月末通过系统自动结转生成凭证后，账面与实际计提的折旧额就会相等。系统自动生成计提折旧凭证的步骤如下：

【操作步骤】

（1）点击左侧主菜单栏中的【凭证】→【期末结转】功能按钮，如图5－41所示。

图5－41　月末生成折旧凭证界面

（2）选择生成计提折旧的凭证，进入"计提折旧凭证"界面，系统会根据固定资产模块的折旧额，自动生成凭证，并点击【保存】功能按钮，如图5－42所示。

图5－42　计提折旧凭证界面

（3）完成月末折旧计提后，再次进行固定资产对账，此时固定资产的实际价值与账面价值相等，如图5－43所示。

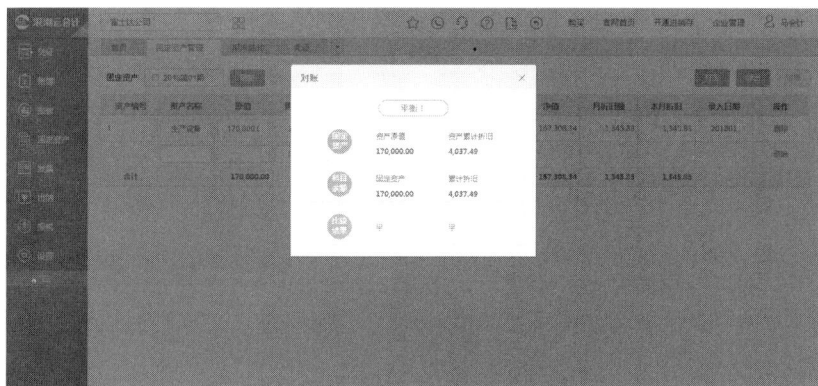

图 5-43 固定资产对账平衡界面

第五节 账簿查询

本节主要介绍浪潮云会计的账簿查询操作。凭证录入以后就可以在总账中查询各种账簿和报表。浪潮云会计的账簿查询主要包括余额表、总账、明细账、科目汇总表、辅助核算余额表、辅助核算明细账等。云会计账簿查询的智能化使账簿查询变得十分简单，且支持账簿之间、账簿与凭证之间的联查。

5.5 账簿查询

一、余额表

余额表用于查询统计各级科目的本期发生额、累计发生额和余额。传统总账是以总账科目分页设账，而余额表则可输出某月或某几个月的所有总账科目或明细科目的期初余额、本期发生额、累计发生额、期末余额。

【操作步骤】

（1）点击左侧主菜单栏中的【账簿】→【余额表】功能按钮，打开余额表查询窗口，选择查看的期间，点击【查询】功能按钮即可，如图 5-44 所示。

（2）只显示一级科目：在图 5-44 中，右侧上方有"只显示一级科目"复选框，若只需查看一级科目，则选中该复选框即可仅显示一级科目。此状态下，若取消该复选框的选中状态，则显示余额表全部级别科目。

图 5 - 44　余额表界面

（3）隐藏本年累计：在图 5 - 44 中，右侧上方有"隐藏本年累计"复选框，点击该复选框即可隐藏本年累计。

（4）该界面的【切换科目】、【导出】、【打印】功能按钮同总账查询功能。

二、总账

总账，也称总分类账，是根据总分类科目开设的账户来汇总相关经济业务。浪潮云会计不但可以查询一级总分类账的发生情况，还可以查询明细级各科目的发生情况。

【操作步骤】

（1）点击左侧主菜单栏中的【账簿】→【总账】功能按钮，打开总账查询窗口，选择查看的期间，点击【查询】功能按钮即可查看总账，如图 5 - 45 所示。

图 5 - 45　总账界面

（2）只显示一级科目：在图5-45中，右侧上方有"只显示一级科目"复选框，若只需查看一级科目，则点击该复选框即可显示一级科目，如图5-46所示。此状态下，若取消该复选框的选中状态，则显示明细账情况。

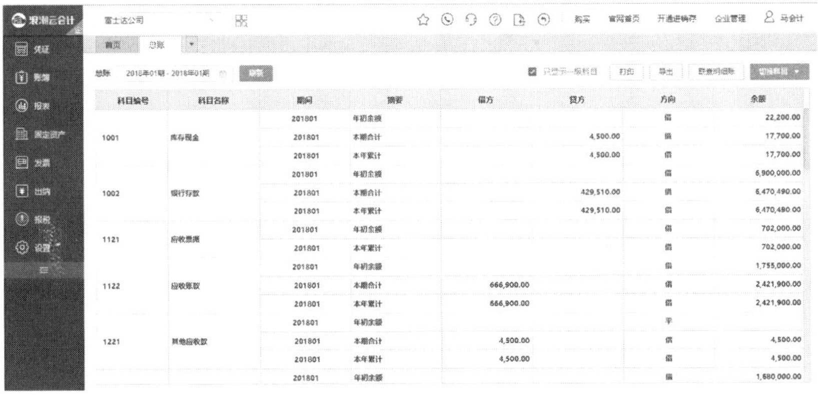

图5-46 一级科目总账界面

（3）点击右侧上方【导出】功能按钮，可将当前总账保存至用户指定路径。

（4）联查明细账：在图5-45中，右侧上方有【联查明细账】功能按钮，用于查询某一级科目的明细账。以库存现金为例，点击选中总账中的库存现金行，如图5-47所示，点击【联查明细账】功能按钮，即可显示库存现金的明细账，如图5-48所示。这个功能实现了总账、明细账和凭证的联查。

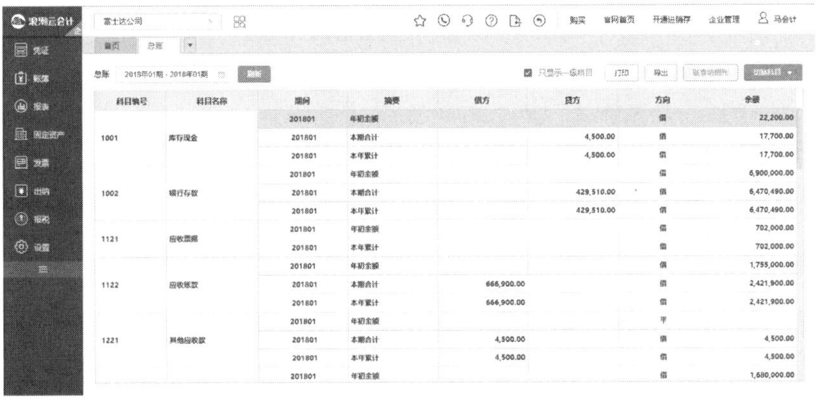

图5-47 联查明细账界面

图5-48 库存现金明细账界面

（5）在总账界面，点击右侧上方【切换科目】功能按钮，即可查找具体科目的总账。以库存现金为例，点击【切换科目】→【库存现金】功能按钮，即可出现仅含库存现金总账的界面，如图5-49所示。

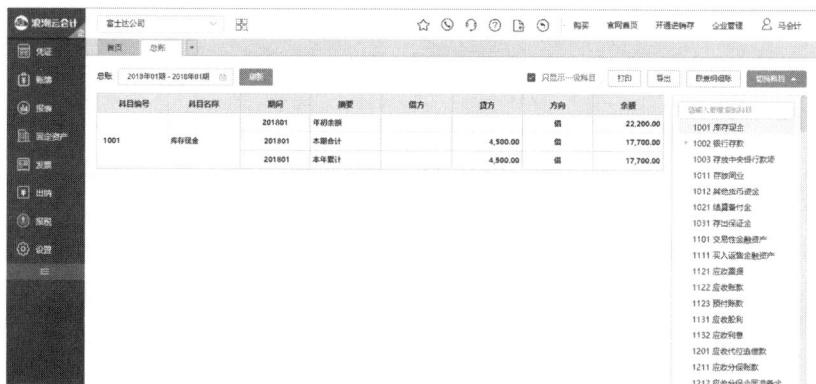

图5-49 库存现金总账界面

（6）在总账界面，点击右侧上方【打印】功能按钮，打开打印前的预览，可以根据浏览器版本选择适合的打印格式。

三、明细账

明细账也称明细分类账，是按明细分类账户开设的、用来分类登记某类经济业务详细情况的账簿，可以用于平时查询各账户的明细发生情况。

【操作步骤】

（1）点击左侧主菜单栏中的【账簿】→【明细账】功能按钮，打开明细账查询界面，选择查看的期间，点击【查询】功能按钮即可

查看明细账，如图 5 – 50 所示。在总账中点击【联查明细账】功能
按钮也可进入"明细账查询"界面。

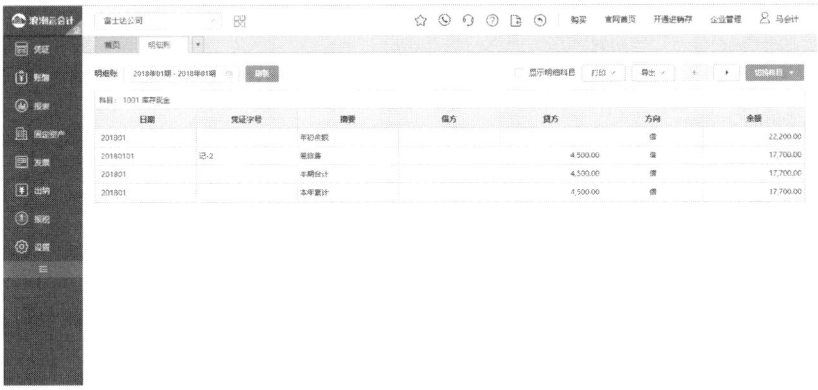

图 5 – 50 明细账查询界面

（2）显示明细科目：右侧上方有"显示明细科目"复选框，若
需显示进一步的明细科目，则点击该复选框即可实现，如图 5 – 51 所
示。此状态下，若取消该复选框的选中状态，则显示总账全部内容。

图 5 – 51 明细账明细科目界面

（3）该界面的【切换科目】、【导出】、【打印】功能按钮同总账查
询功能。

四、科目汇总表

科目汇总表是根据一定时间内所有的记账凭证定期加以汇总而重
新编制的记账凭证，其目的是简化总分类账的登记手续。浪潮云会计
中，科目汇总表可以自动生成。

【操作步骤】

（1）点击左侧主菜单栏中的【账簿】→【科目汇总表】功能按钮，打开科目汇总表查询窗口，选择查看的期间，点击【查询】功能按钮可查看科目汇总表，如图5-52所示。

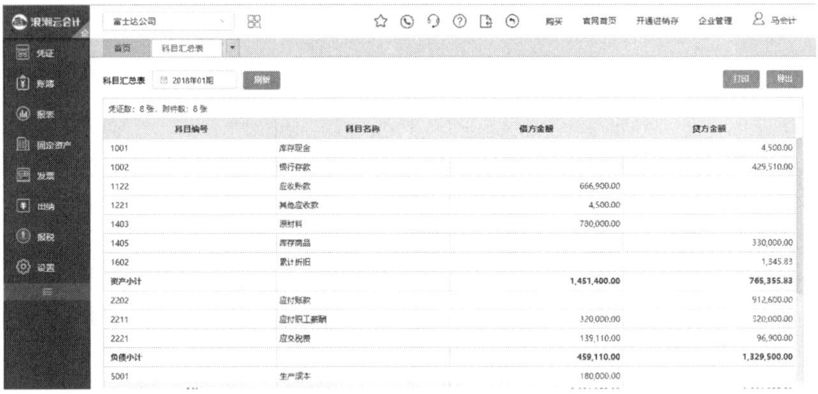

图5-52　科目汇总表界面

（2）该界面的【切换科目】、【导出】、【打印】功能按钮同总账查询功能。

五、数量外币余额表

数量外币余额表中的期初余额，本期发生额，期末余额的借方、贷方都分别设有数量、单价和金额，对既需要金额核算又需要数量核算的各种财产物资类科目的余额进行查询。

【操作步骤】

（1）点击左侧主菜单栏中的【账簿】→【数量外币余额表】功能按钮，打开数量金额余额表查询窗口，选择查看的期间，点击【查询】功能按钮可查看数量金额余额表，如图5-53所示。

（2）数量外币余额表初始界面为数量金额余额表，若想查看数量外币余额表，可在当前界面选中右侧上方"显示数量金额"复选框的同时选中"显示外币金额"复选框，即可查看数量外币余额表。若想单独查看外币金额余额表，可点击当前界面右上方"显示数量金额"复选框，取消选中状态，保持"显示外币金额"复选框的选中状态，即可查看外币金额余额表。

（3）该界面的【切换科目】、【导出】、【打印】等功能按钮同总账查询功能。

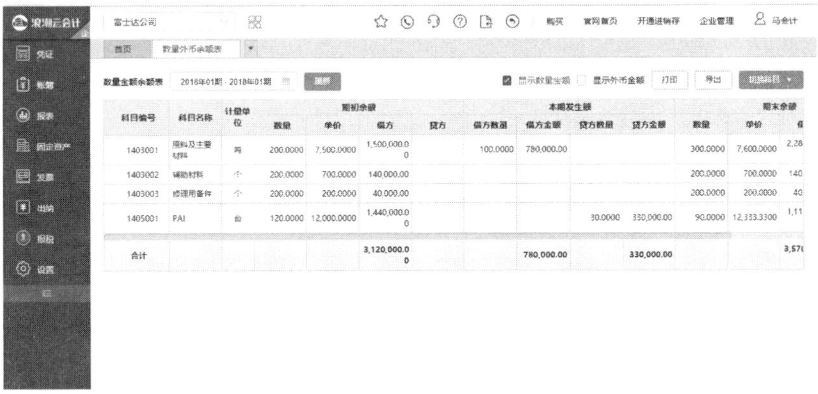

图 5 – 53　数量金额余额表界面

六、数量外币明细账

数量外币明细账经常用于对存货的明细查询，显示数量核算项目所涉及的所有科目的明细金额，有利于企业了解数量核算的明细情况。

【操作步骤】

（1）点击左侧主菜单栏中的【账簿】→【数量外币明细账】功能按钮，打开数量外币明细账查询窗口，选择查看日期，点击【查询】功能按钮可查看数量外币明细账，如图 5 – 54 所示。

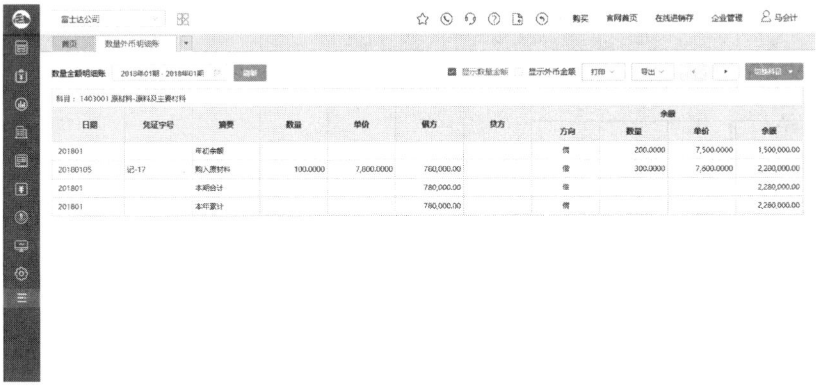

图 5 – 54　数量外币明细账界面

（2）点击图 5 – 54 中的【切换科目】功能按钮，显示下拉框，可根据需求分别查看不同科目的数量外币明细表，如图 5 – 55 所示。

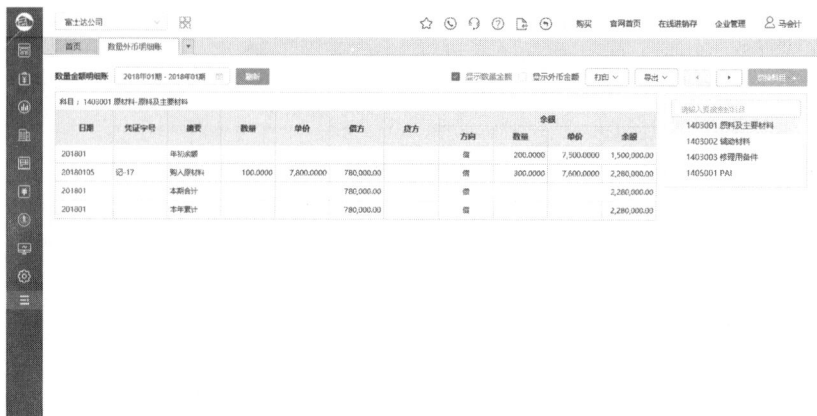

图 5 – 55　数量外币科目选择界面

七、核算项目余额表

核算项目余额表用于进行分类汇总后的余额查询，显示某一辅助核算的期初余额、本期发生额、本年累计发生额、期末余额，可以帮助用户进行辅助核算余额的分析。

【操作步骤】

（1）点击左侧主菜单栏中的【账簿】→【核算项目余额表】功能按钮，打开核算项目余额表查询窗口，选择查看的期间，以及相应的辅助类别，点击【查询】功能按钮可查看核算项目余额表，如图 5 – 56 所示。

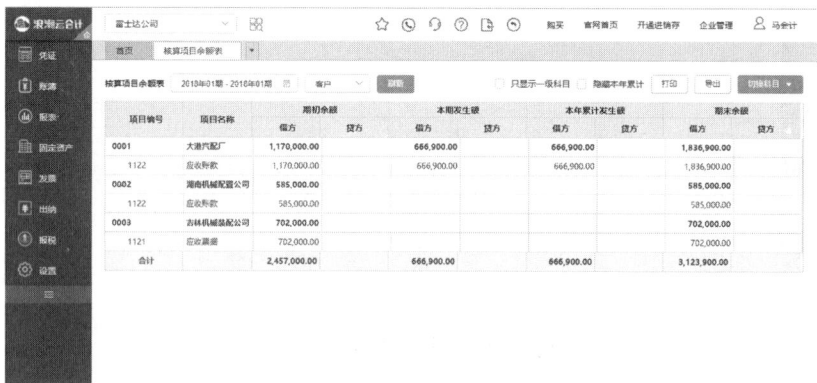

图 5 – 56　核算项目余额表界面

（2）点击图 5 – 56 中的【辅助核算类别】功能按钮，显示下拉框，可选择查看不同辅助核算类别的余额表，如图 5 – 57 所示。

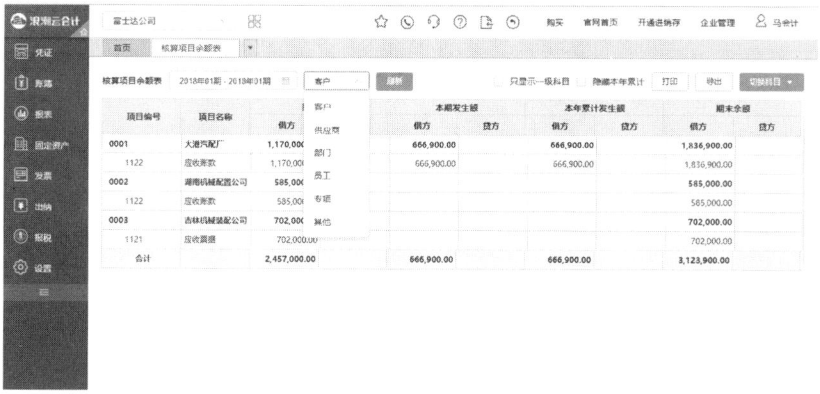

图 5 - 57　核算项目余额表辅助类型选择界面

（3）该界面的【只显示一级科目】、【隐藏本年累计】、【打印】、【导出】、【切换科目】功能按钮同查询余额表或总账功能。

八、核算项目明细账

核算项目明细账经常用于进行分类汇总后的明细查询，显示某一辅助核算项目所涉及的所有科目的明细金额，有利于企业了解、核算辅助核算的明细情况。

【操作步骤】

（1）点击左侧主菜单栏中的【账簿】→【核算项目明细账】功能按钮，打开核算项目明细账查询窗口，选择查看的期间，以及相应的辅助类别，点击【查询】功能按钮可查看核算项目明细账，如图 5 - 58 所示。

图 5 - 58　核算项目明细账界面

（2）点击图5-58中的【辅助核算类别】功能按钮，显示下拉框，可根据需求分别查看不同辅助核算类别的明细表，如图5-59所示。

图5-59 核算项目明细账辅助科目界面

（3）该界面的【切换科目】、【导出】、【打印】功能按钮同总账查询功能。

第六节 期末处理

本节主要介绍浪潮云会计期末凭证生成和结账的操作。

期末处理是指企业财务人员将当期发生的日常经济业务全部登记入账后，在每个会计期末都需要完成的特定工作，主要包括期末转账、试算平衡对账、结账及期末会计报表编制等。这些业务数量虽然不大但传统手工会计处理相当繁杂，而由计算机来处理期末业务，不但可以规范会计业务的处理，还可以大大提高期末业务处理的工作效率。

5.6 期末处理

一、期末结转

当日常经济业务全部登记入账后，就可以对期末结转业务进行相关操作。云会计平台提供了期末结转的功能，可分别用于计提折旧、结转销售成本、计提工资、摊销待摊费用、结转未交增值税、计提税金、结转损益等。

【操作步骤】

（1）点击左侧主菜单栏中的【凭证】→【期末结转】功能按钮，

选择相应会计期间，即可打开"期末结转"界面，如图 5 - 60 所示。

图 5 - 60　期末结转界面

（2）计提折旧：在计提折旧的方框下点击【生成凭证】功能按钮，即可生成计提折旧的凭证，点击右下方【保存】功能按钮，即可完成计提折旧凭证的保存，如图 5 - 61 所示。结转待摊费用、结转未交增值税、结转损益操作与计提折旧相同，不再赘述。

图 5 - 61　计提折旧生成凭证界面

（3）结转销售成本：若业务发生时未及时结转销售成本，云会计提供了可在期末进行销售成本结转的操作。找到"结转销售成本"模板，把鼠标放在显示的金额上，会出现一个模板说明，显示"本期主营业务收入"、"结转百分比"以及"库存商品余额"，如图 5 - 62 所示。

图5-62 销售成本结转界面

根据实际销售成本填写销售成本结转百分比（注意最终结转数值不得高于库存商品余额）后点击【确定】功能按钮即可修改成功。若结转百分比不能精确地算出销售成本，可在稍后的记账凭证中修改为精确的数值。例如，本题实际销售成本为330 000元，可在生成的记账凭证中将数值修改为330 000元，如图5-63所示。

图5-63 销售成本结转凭证界面

（4）计提工资：找到"计提工资"模板，把鼠标放在显示的金额上，会出现一个模板说明，显示"上月计提职工薪酬""金额"，说明工资模板中的金额是按照上个月计提的金额结转的。实际业务中企业可以直接在凭证中修改金额，点击【保存】功能按钮即可。例如，上个月计提金额为0，在本期的计提工资模板中金额也为0，可以点击【生成凭证】功能按钮，直接录入工资金额，如图5-64所示。

（5）计提税金：找到"计提税金"模板点击 功能按钮，会显示计提的各附加税科目及其比率，选择"按月计提"或"按季计提"，并填写计提比率，点击【保存模板】功能按钮，以后就可以按此模板计提税金，如图5-65所示。

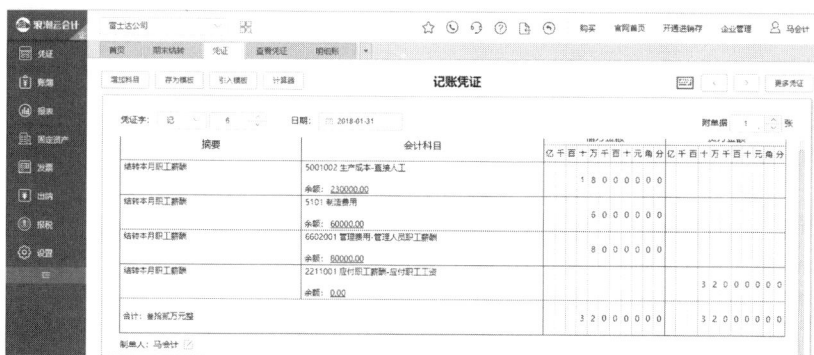

图 5-64 计提工资结转凭证界面

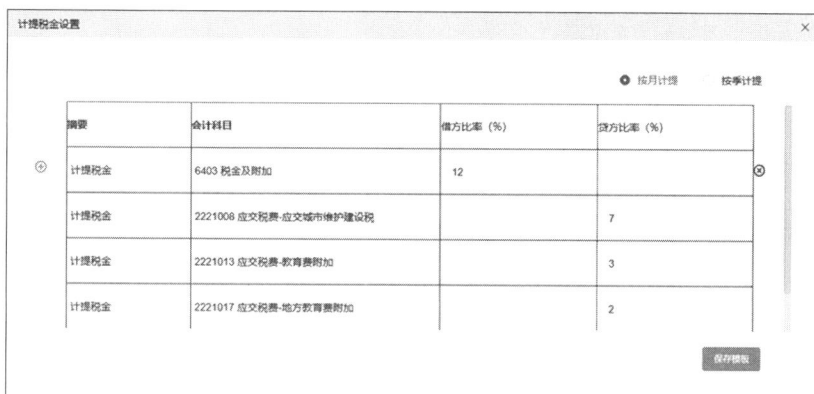

图 5-65 计提税金模板界面

点击【生成凭证】功能按钮，即可生成计提税金的凭证，点击【保存】功能按钮完成计提税金凭证的生成。由于本月不需要计提税金，图 5-66 只是为了展示计提税金的凭证界面，不需要保存。

图 5-66 计提税金凭证界面

二、期末结账

期末结账是指在会计期末计算结转各个账户的本期发生额和期末余额至下月，形成下月期初余额。期末结账标志着本月会计业务处理的终结，结账月份将不再允许进行经济业务处理，结账后当期的数据不能修改。进行期末结账前，必须确保本月已完成所有经济业务的处理。如果存在未完成的经济业务，系统禁止进行结账处理。结账工作必须逐月连续进行，上月未结账，则本月不能结账。

【操作步骤】

（1）点击左侧主菜单栏中的【凭证】→【结账】功能按钮，出现"结账"界面如图 5 -67 所示。

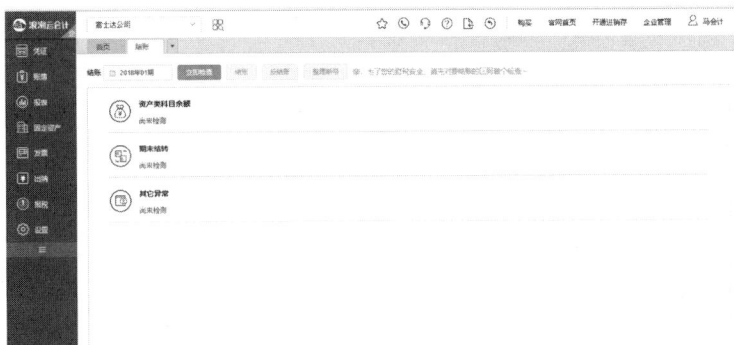

图 5 -67　结账界面

（2）选择相应会计期间，点击【立即检查】功能按钮，进行结账前的检查，若检查发现问题，则在下方显示存在的问题，此时【结账】功能按钮为灰色，不可进行操作。当修改问题完毕，再次重复以上操作，检查合格之后即可进行结账操作，如图 5 -68 所示。

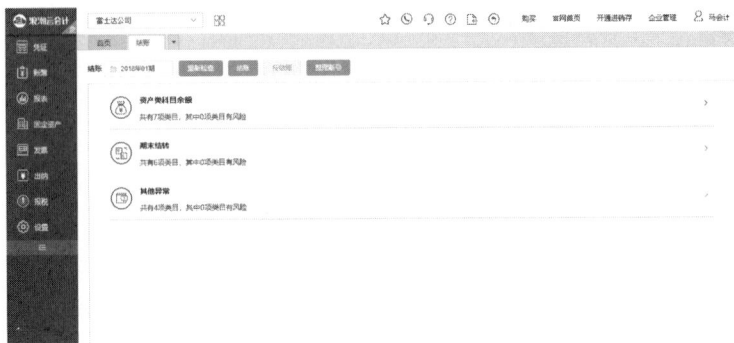

图 5 -68　结账检查界面

（3）点击【结账】功能按钮，出现提示，点击【确定】功能按钮，页面跳转至首页，完成结账，如图 5-69 所示。

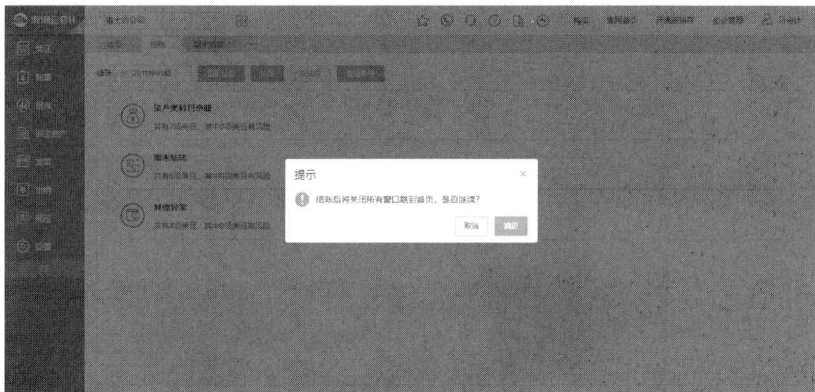

图 5-69　检查合格后的结账界面

（4）反结账：如需对之前的结账进行反结账，则点击左侧主菜单栏中的【凭证】→【结账】功能按钮，选择相应的期间，点击【反结账】功能按钮，出现提示对话框，点击【确定】功能按钮页面跳转至首页即可进行反结账，如图 5-70 所示。

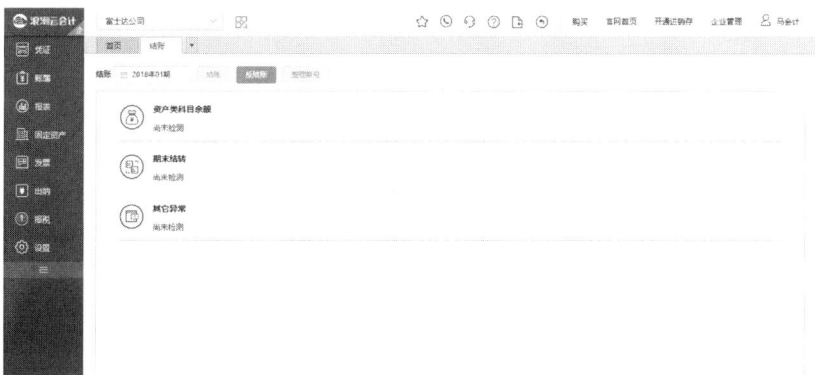

图 5-70　反结账界面

第六章
云会计报表管理

教学目的及要求：

本章主要介绍浪潮云会计报表的生成操作。基于云会计报表的智能化，因此只需要了解常见报表的公式修改和生成，了解云会计自动报税的过程。

第一节　报表生成

本节主要介绍浪潮云会计中各报表的生成与管理。

一、报表概述

6.1 报表生成

财务报表是以会计准则为规范编制的，向所有者、债权人、政府及其他有关各方及社会公众等反映会计主体财务状况和经营成果的会计报表。财务报表包括资产负债表、利润表、现金流量表、所有者权益变动表和附注。在传统会计中，报表的编制是最复杂的一项工作，报表编制人应了解各种报表的结构；报表中各个数据的来源渠道，若数据是来自总账，还应弄清是发生额还是余额，通过何种运算关系取得，若数据来自本报表或外报表中的某项目，应懂得其各种运算关系；同时还应明确各种报表之间的勾稽关系及数据的对应关系，这样才能开始编制报表。云会计中，各种报表数据的计算公式定义等工作已经内置好，在月末编制报表时，只需操作员在键盘上轻按几个功能按钮，系统即自动根据公式迅速生成报表，初步实现了会计工作的自动化、智能化。目前，云会计还不支持自定义个性化报表功能。

二、生成资产负债表

资产负债表是反映企业在某一特定日期财务状况的报表，它反映企业在某一特定日期所拥有或控制的经济资源、所承担的现时义务和所有者对净资产的要求权。我国资产负债表采用账户式结构，报表分左右两方：左方列示资产各项目，反映全部资产的分布及存在形态；右方列示负债及所有者权益各项目，反映全部负债和所有者权益的内容及构成情况。资产负债表左右双方平衡，即资产总计等于负债及所有者权益总计。

【操作步骤】

（1）点击左侧主菜单栏中的【报表】→【资产负债表】功能按钮，选择查询期间，即可查看不同时间的资产负债表，如图6-1所示。云会计在界面上方增加了月份选择，用户可以直接点击时间轴上的月份选择会计期间。

图6-1　资产负债表界面

（2）系统已经设置了资产负债表基础公式，如果仍需修改，可选中要修改的科目，如货币资金，点击图6-2中的 功能按钮，出现"货币资金公式编辑"界面，可以进行具体公式修改。如设置新的科目名称、取数规则、运算符号，如图6-3所示。修改后点击【保存并关闭】功能按钮即可。

（3）点击右侧上方【打印】功能按钮，打开打印前的预览。用户可以根据浏览器版本不同自行查找【打印】功能按钮，点击即可完成打印。

（4）点击右侧上方【导出】功能按钮，可将当前报表保存至用户指定路径。

图 6 – 2　报表公式修改界面

图 6 – 3　公式编辑界面

三、生成利润表

利润表是反映企业一定会计期间经营成果的报表。该表按照各项收入、费用以及构成利润的各个项目分类分项编制而成。

【操作步骤】

（1）点击左侧主菜单栏中的【报表】→【利润表】功能按钮，选择查询期间，即可查询利润表，如图 6 – 4 所示。同样，浪潮云会计平台为利润表也提供了时间轴的应用，具体操作详见资产负债表。

（2）系统也为利润表设置了基础公式，以营业成本为例，点击其后的 ⬚ 按钮，出现营业成本公式编辑窗口，如图 6 – 5 所示，用户可以进行具体公式修改，修改后点击【保存并关闭】功能按钮即可。

（3）【打印】、【导出】功能按钮同资产负债表。

【注意事项】

云会计除了提供年度利润表之外，还提供利润表季报功能，操作与年度利润表类似。

图 6 - 4　利润表界面

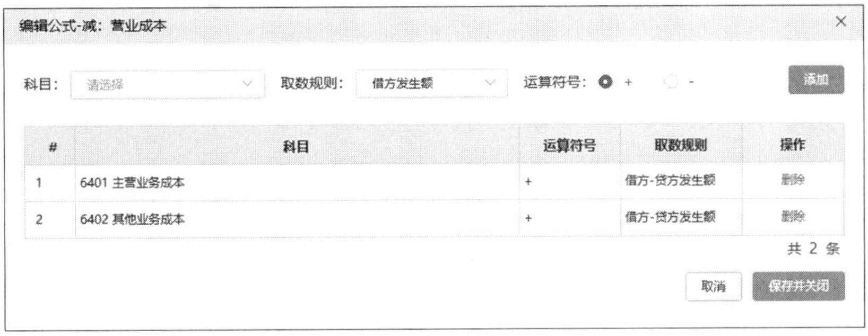

图 6 - 5　利润表公式编辑界面

四、生成现金流量表

现金流量表是反映企业一定时期内现金和现金等价物流入和流出的信息，是以现金收付实现制为基础编制的，以下是生成现金流量表的简要操作。

【操作步骤】

（1）点击左侧主菜单栏中的【报表】→【现金流量表】功能按钮，选择查询期间，即可查询现金流量表，如图 6 - 6 所示。同样，浪潮云会计平台为现金流量表也提供了时间轴应用，具体操作详见资产负债表。

（2）点击右侧上方【调整】功能按钮即可对现金流量表进行调整，如图 6 - 7 所示。用户可对本年累计金额、本月累计金额进行调整，也可点击【清空公式】、【重算】功能按钮进行相应操作。完成调整操作后点击【保存】功能按钮，即可保存当前操作，点击【返回】功能按钮即可返回现金流量表界面。

（3）【打印】、【导出】功能按钮同资产负债表。

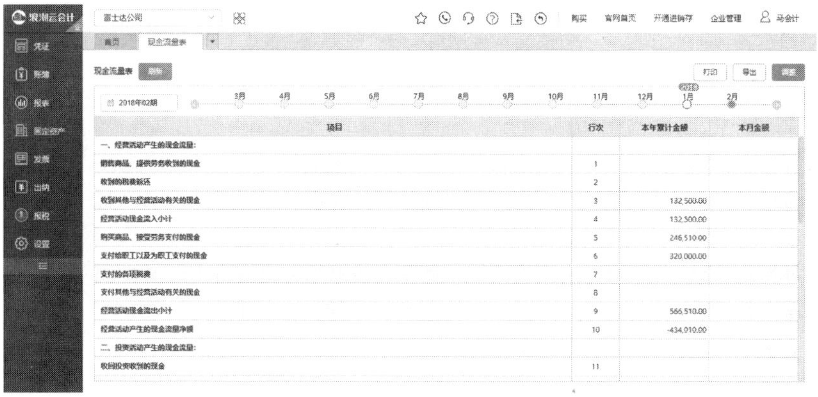

图 6 - 6　现金流量表界面

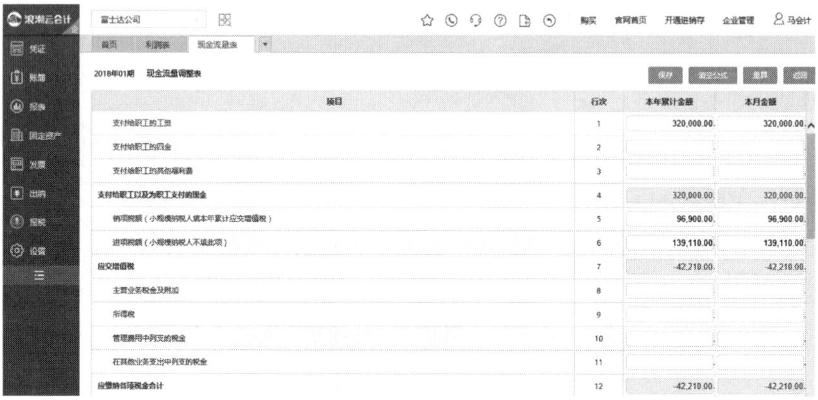

图 6 - 7　现金流量表调整界面

第二节　一键报税

云会计与其他外部系统互联，才能真正体现云会计的智能化。浪潮云会计就实现了与税务局征税系统的互联，实现云会计自动计税、报税，形成了"互联网＋财税"的企业运营模式。本节介绍浪潮云会计一键报税的简单操作。

6.2 一键报税

一、纳税申报表生成

纳税申报表，是税务机关指定、由纳税人填写的以完成纳税申报程序的一种税收文书。一般应包括纳税人名称、税种、税目、应纳税项目、适用税率或单位税额、计税依据、应纳税款、税款属期等内容。增值税申报表还有进项税额、销项税额；所得税申报表还有销售收入、销售利润、应纳税所得额、应纳所得税额等。传统纳税申报表需要申报人员手工填写，效率极低；浪潮云会计的纳税申报表可自动生成，极大地提高了工作效率。

【业务描述】

生成纳税申报表。

【操作步骤】

（1）点击左侧主菜单栏中的【报表】→【纳税申报表】功能按钮，选择适当的查询期间，即可查看不同期间的纳税申报表，如图6-8所示。系统为纳税申报表也提供了时间轴的应用，具体操作详见资产负债表。

图6-8　纳税申报表界面

（2）【打印】、【导出】功能按钮同资产负债表。

二、一键报税

【业务描述】

智能一键报税。

【操作步骤】

（1）点击左侧主菜单栏中的【报税】→【国税申报】功能按钮，进入"国税申报"界面，如图6-9所示。

（2）选择要报的地区、输入国税的税号和密码、选择报税方式（季报或月报），进入"申报"界面，如图6-10所示。

图 6 – 9　国税申报界面

图 6 – 10　申报信息填写界面

（3）在申报过程中，资产负债表和利润表是必须申报的，系统中不可更改。公司可根据实际情况选择是否报送现金流量表，选择完成后，点击【提交申报】功能按钮即可，申报成功后会提示已申报成功。系统目前已实现山东省、四川省、山西省、河北省与浙江省的国税一键报税功能，提高了会计工作效率、减轻了报税期的工作压力。

第七章

云进销存基础设置

教学目的及要求：

本章主要介绍浪潮云进销存管理的功能、特点及各项基础设置，这些设置是后续云进销存顺利运行的基础。本章要求掌握云进销存与业财一体化管理的基本原理，了解各项基础设置的操作。

第一节　进销存概述

本节主要介绍了典型进销存主要功能、浪潮云进销存特点和开通步骤。

一、进销存的概念及主要功能

进销存，又称为购销链，是指从商品的采购（进）到入库（存）到销售（销）的动态管理过程。"进"指询价、采购到入库与付款的过程；"销"指报价、销售到出库与收款的过程；"存"指出入库之外，包括领料、退货、盘点、报损报溢、借入、借出、调拨等影响库存数量的动作。

我国进销存软件产生于 20 世纪 80 年代，由于电算化的普及和计算机应用的推广，不少企业对于仓库货品的进货、存货、出货管理有强烈需求，进销存软件发展从此开始。伴随应用面的不断扩大，进销存软件从单纯的货品数量管理延伸为财务进销存一体化的管理模式。进销存软件的应用有助于帮助企业合理配置物流资源，动态控制物流动向，压缩库存资金占用，提高物品周转效率，降低采购和销售成本，为企业创造良好的经济效益。典型进销存包括库存管理、采购管理、销售管理 3 个基本子系统：

7.1 进销存
概述

（1）库存管理子系统。仓库是企业物流的集散结点，是物品归集、统计和核算的基础。库存管理子系统通过库存物品的入库、出库、移动和盘点等操作对企业的物流进行全面的控制和管理，以达到降低库存、减少资金占用，杜绝物料积压与短缺现象，提高客户服务水平，保证生产经营活动顺利进行的目的。

（2）采购管理子系统。采购管理在企业生产经营中占据重要的位置，任何企业要向市场提供产品或服务都离不开原材料和消耗品的采购。采购管理子系统对请购计划，采购单下达，采购订单签订、执行、跟踪、到货接收、检验入库的全过程进行管理和控制，还可以对供应商的报价、交货期等进行综合管理，帮助采购人员选择最佳供应商和采购策略，保证采购工作高质量、高效率、低成本执行。

（3）销售管理子系统。销售是为客户提供产品和服务，实现企业资金的转化并获取利润，为企业的生存和发展提供动力。销售管理子系统一般是以订单为核心来管理整个销售业务，包括销售报价、销售订单管理、组合订单管理、客户信用检查、提货单及销售提货处理、销售发票、客户退货等一系列销售管理事务。通过该系统，企业可以及时了解市场的需求、产品的订货、销售和获利情况，为企业的生产经营提供及时准确的市场信息。

上述三个子系统是进销存的基础，部分软件还会配置应收应付子系统、资金管理子系统、成本管理子系统，这些业务子系统与财务系统紧密集成，组成相对完整的企业管理信息系统。需要注意，因产品生产环节的个性化、特殊性，仍难以纳入通用进销存软件的实现整合。

二、浪潮云进销存特点

浪潮云进销存包括采购管理、库存管理、销售管理和资金管理四大模块，模块功能简介参见第二章第二节。与传统进销存软件相比，浪潮云进销存具有以下特点：

（1）多店管理。支持多门店、多仓储、多分公司异地调拨，总店、分仓即时核算成本利润。

（2）行业定制。支持食品生鲜、医疗器械、建材五金、日常用品等批零兼售企业，实现多计量单位自动换算，支持批次、保质期、条码管理。

（3）订单驱动。对接淘宝、京东、微店等电商平台，同步订单、会员、商品等信息。

（4）业财一体。通过业财一体功能实现业务单据自动生成会计凭证。

三、开通云进销存

云进销存需要单独开通使用。

【操作步骤】

（1）点击【企业管理】→【账套】→【账套管理】→【切换账套】功能按钮，进入"账套管理"界面，如图 7-1 所示。

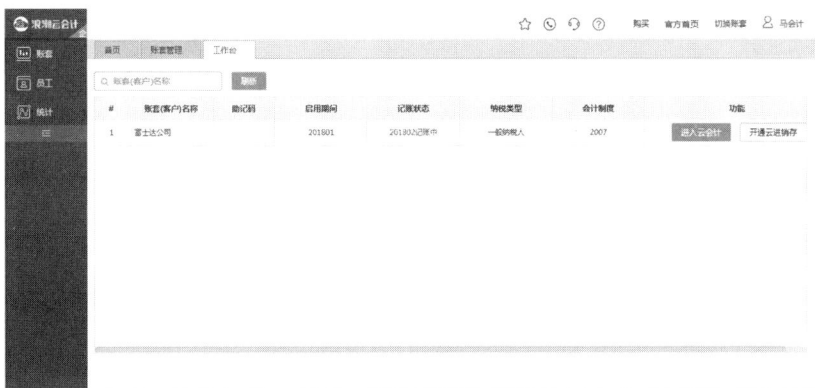

图 7-1　账套管理界面

（2）选择要开通进销存的账套，点击【开通云进销存】功能按钮，进入"开通进销存"界面，如图 7-2 所示。

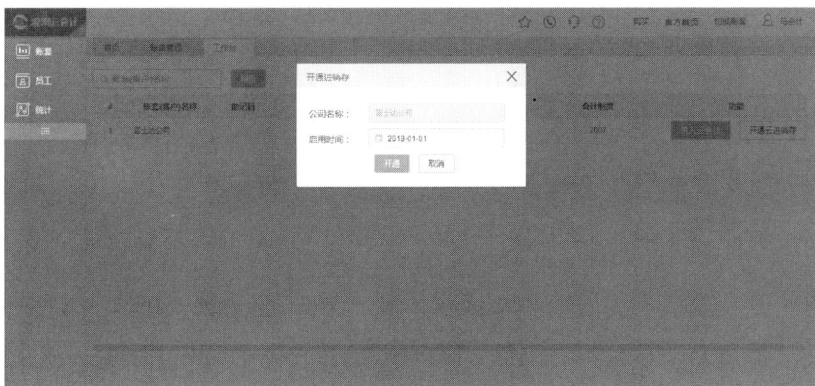

图 7-2　开通进销存界面

（3）选择启用时间，点击【开通】功能按钮，可完成进销存开通步骤，此时，【开通云进销存】功能按钮变为【进入云进销存】功能按钮，如图 7-3 所示。

图7-3　成功开通进销存界面

（4）点击图7-3中的【进入云进销存】功能按钮或点击图7-4中的【在线进销存】功能按钮，都可以进入"进销存"界面，如图7-5所示。

图7-4　点击在线进销存按钮界面

图7-5　进销存界面

第二节　云进销存用户管理

本节主要介绍云进销存的用户管理，包括员工增加、角色分配等。

一、添加员工

增加用户，并分配用户角色。此处分为两种情况：其一是在总账中已经有的员工，在此可以导入浪潮云进销存系统的用户管理中；其二是总账中没有的员工，需要在浪潮云进销存系统新添加员工，并通过角色赋予相应的权限。云进销存角色和总账不同，总账中的角色只有"员工""主管"，而进销存中角色与各子模块功能有关，有"主管""销售""采购""仓管""资金"5个角色。

【操作步骤】

（1）点击左侧主菜单栏中的【设置】→【用户管理】功能按钮，如图7-6所示，进入图7-7所示的"员工"界面。

（2）在图7-7所示的"员工"界面中，点击【增加员工】功能按钮，弹出"增加员工"界面，如图7-8所示。

（3）在图7-8中，输入员工的手机号，点击【获取验证码】功能按钮，云会计会为该手机号码发送验证码，员工获得验证码并将其输入至"验证码"框中，输入员工的姓名，在"密码"框中设置密码，并为员工选择角色，完成以上各项后，点击【确定】功能按钮，即成功增加一位员工。

7.2 云进销存
用户管理

图7-6　设置界面

图 7-7　员工界面

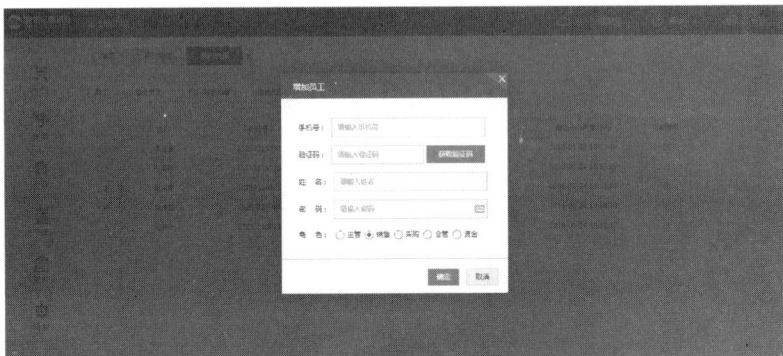

图 7-8　增加员工界面

二、引入云会计员工

引入浪潮云会计的职员到云进销存，并为其分配角色。

【操作步骤】

（1）在图 7-7 所示的"员工"界面中，点击【引入财务同事】功能按钮，弹出"引入同事"界面，如图 7-9 所示。

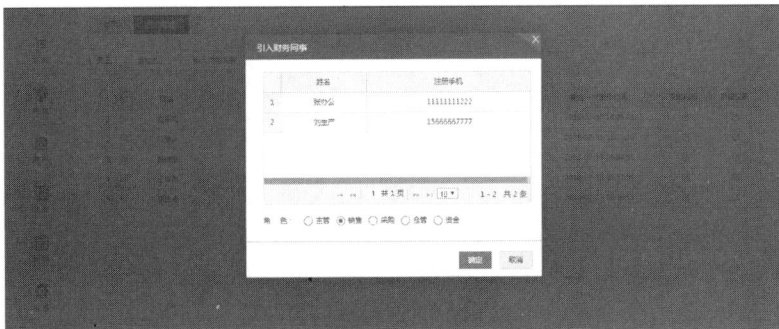

图 7-9　引入同事界面

（2）在图 7 - 9 中，选中引入的同事，为该同事选择【角色】，点击【确定】功能按钮，即成功引入一位同事。

（3）引入同事后，在如图 7 - 10 所示的界面中，点击需要分配权限员工右侧的功能授权栏下的图标，进入图 7 - 11 所示的界面。点击菜单权限栏下的下拉按钮，可以为员工赋予权限。点击【保存】功能按钮，即完成对同事的权限分配。

图 7 - 10　用户管理界面

图 7 - 11　功能授权界面

（4）在如图 7 - 10 所示的界面中，点击需要分配权限员工右侧数据权限栏下的图标，进入图 7 - 12 所示的界面。点击"用户名称"右侧的下拉按钮，可以为员工赋予不同仓库、供应商、客户的权限。点击【保存】功能按钮，即完成对同事的权限分配。

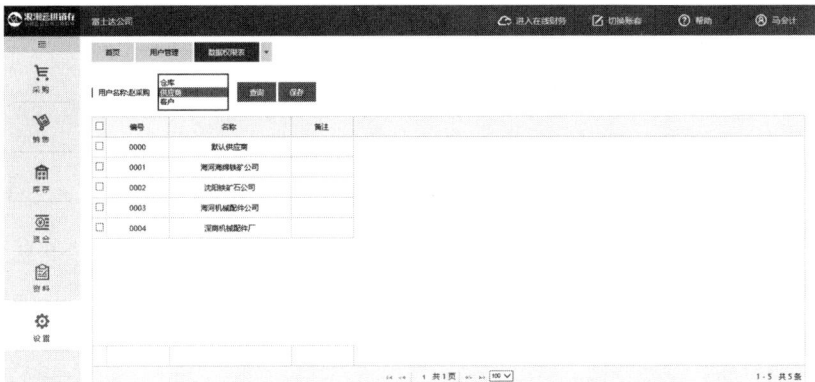

图 7－12　数据权限界面

三、注销员工

在云进销存中注销某员工权限。

【操作步骤】

在图 7－7 所示的"员工"界面中，选中所需注销员工信息前面的复选框，点击【注销员工】功能按钮，弹出如图 7－13 所示的界面，点击【确定】功能按钮，即完成员工的注销。

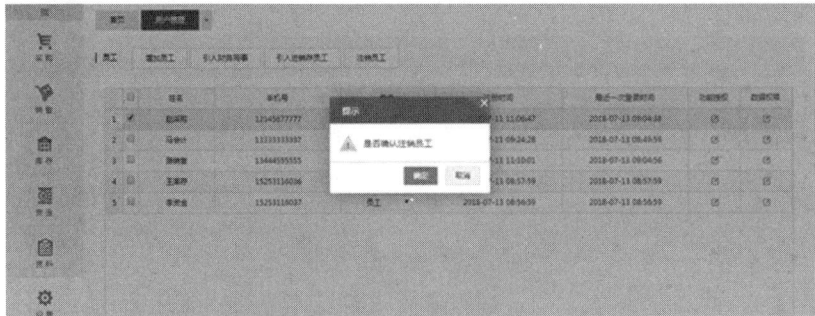

图 7－13　注销员工界面

7.3 云进销存
参数设置

第三节　云进销存参数设置

本节主要介绍云进销存的参数设置，包括基础参数和功能参数两部分。

一、基础参数

【操作步骤】

（1）点击左侧主菜单栏中的【设置】→【系统参数】功能按钮，进入图 7-14 所示的"设置基础参数"界面。

图 7-14　设置基础参数界面

（2）公司名称在创建账套时已录入，可以修改。用户可在此编辑公司地址和联系信息，方便打印单据时读取公司电话和公司地址。

（3）启用时间：系统启用时设置，不能修改。若要修改启用时间，需要将账套重新初始化，恢复到启用之前的状态。

（4）本位币：系统启用时设置，不能修改。

（5）小数位数：若已有单据产生，由于精度限制，将小数的位数改小须自行承担丢失数据的风险。

（6）存货计价方法：默认为"移动平均法"。

二、功能参数

【操作步骤】

（1）点击左侧主菜单栏中的【设置】→【系统参数】→【功能参数】功能按钮，进入图 7-15 所示的界面。

（2）启用审核：系统默认自动审核，若勾选了启用审核，则采购单、销售单等所有单据需审核后数据才会生效，商品库存数量、资金、应付账款等数据才会相应发生变化。

（3）启用税金：系统默认启用税金，税率自行录入，现按照增值税最新规定税率为 16%。

图 7 – 15　设置功能参数界面

（4）启用批次保质期管理：勾选后将新增商品保质期管理功能。

（5）不允许修改其他人的单据：勾选后，不能修改其他人制单的单据。

（6）允许负库存：不勾选表示录入出库单据时不检查库存是否充足；勾选后，在做销售单、其他出库单、调拨单等出库类单据时，若库存不足，单据允许保存。

（7）启用自动填充结算金额：勾选后，录入销售单、采购退货单等单据时，会自动填充本次收款金额，录入采购单、销售退货单时自动填充本次付款金额。

第四节　云进销存基础档案设置

7.4 云进销存
基础档案
设置

本节主要介绍云进销存基础档案的类别设置和相关资料的录入。

一、类别设置

云进销存是对库存、采购和销售的整个物流过程的管理，涉及基础资料远比云会计复杂、广泛。它不仅涉及供应商、客户、商品、部门等多种基础资料，还涉及结算方式、计量单位等基础信息。本部分介绍通过类别设置实现多种基础资料的分类管理。

（一）基础资料类别设置

1. 供应商类别

供应商类别是指按照供应商的某种属性或特征，对供应商进行分类管理。如果建账时选择了供应商分类，必须先进行分类，才能增加供应商档案。如果建账时没有选择供应商分类，可以通过顺序编码直接建立供应商档案，系统默认为一种类别，即不分类。

【业务描述】

为供应商增加原料、成品两个分类。

【操作描述】

（1）点击左侧主菜单栏中的【资料】→【类别设置】功能按钮，如图 7 – 16 所示，进入图 7 – 17 所示的"类别设置"界面。

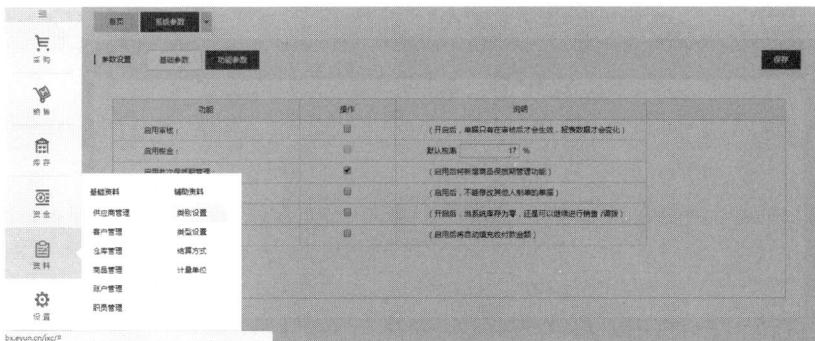

图 7 – 16　资料界面

图 7 – 17　类别设置界面

（2）点击右侧的【新增】功能按钮，弹出"新增供应商类别"界面。输入供应商类别名称，点击【保存并关闭】功能按钮。若要添加子类别，需要在新增类别时，先选择上级分类，再输入子类别名称保存，如图 7 – 18 所示。

（3）修改。点击供应商类别列表的编辑行图标，可打开编辑界面进行修改。

（4）删除。点击供应商类别列表的删除行图标，可删除供应商类别。

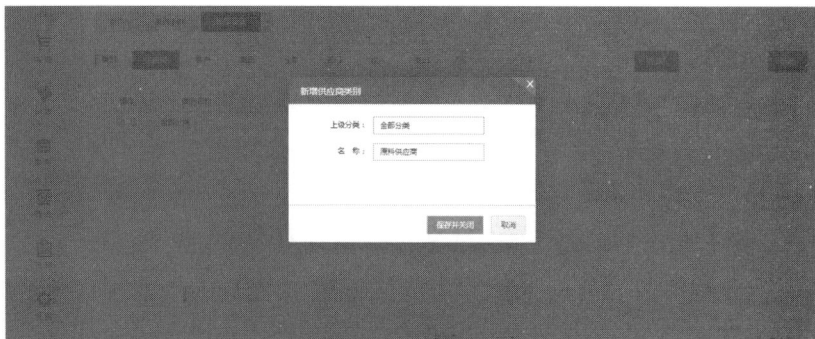

图 7 - 18　新增供应商类别界面

【注意事项】

（1）若供应商类别已在供应商档案中被使用过，则不能被删除。

（2）如果云会计的供应商档案向云进销存导入，则默认一种类别设置，不进行分类。

2. 客户类别

客户类别是指按照客户的某种属性或某种特征，将客户进行分类管理。如果建账时选择了客户分类，则必须先进行分类，才能增加客户档案。如果建账时没有选择客户分类，则可以直接建立客户档案。

【业务描述】

为客户增加批发、代销两个分类。

【操作步骤】

（1）在图 7 - 17 所示的"类别设置"界面中，点击【客户】→【新增】功能按钮，弹出"新增客户类别"界面。输入客户类别名称，点击【保存并关闭】功能按钮。若要添加子类别，需要在新增类别时，先选择上级分类，再输入子类别名称保存，如图 7 - 19 所示。

图 7 - 19　新增客户类别界面

（2）修改。点击客户类别列表的编辑行图标，可打开编辑界面进行修改。

（3）删除。点击客户类别列表的删除行图标，可删除客户类别。

【注意事项】

（1）若客户类别已在客户档案中被使用过，则不能被删除。

（2）如果云会计的客户档案向云进销存导入，则默认一种类别设置，不进行分类。

3. 商品类别

存货是企业的一项重要经济资源，涉及企业进销存管理的整个流程，是企业物流管理和财务核算的主要对象。如果企业存货较多，可以按一定方式对存货进行分类管理。存货分类是指按照存货固有的特征或属性，将存货划分为不同的类别，以便分类核算和统计。

【业务描述】

为商品增加产成品、外购品、原材料、配件四个分类。

【操作步骤】

（1）在图 7 – 17 所示的"类别设置"界面中，点击【商品】→【新增】功能按钮，弹出"新增商品类别"界面。输入商品类别名称，点击【保存并关闭】功能按钮。若要添加子类别，需要在新增类别时，先选择上级分类，再输入子类别名称保存，如图 7 – 20 所示。

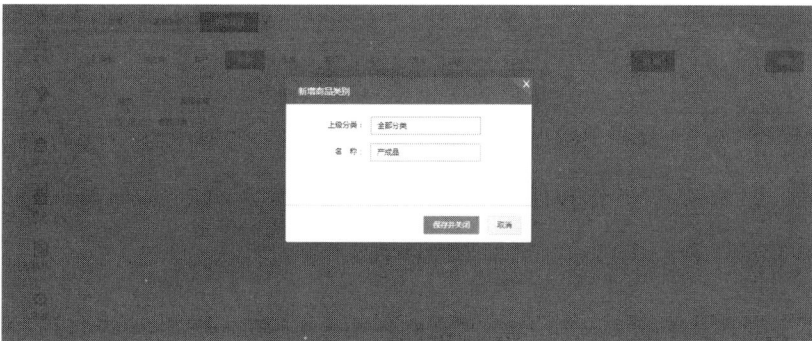

图 7 – 20 新增商品类别界面

（2）修改。点击商品类别列表的编辑行图标，可打开编辑界面进行修改。

（3）删除。点击商品类别列表的删除行图标，可删除商品类别。

【注意事项】

若商品类别已在商品档案中被使用过，则不能被删除。

4. 仓库类别

仓库类别是指按照仓库的某种属性或某种特征，将仓库进行分类管理。如果建账时选择了仓库分类，则必须先进行分类，才能增加仓库档案。如果建账时没有选择仓库分类，则可以直接建立仓库档案。

【业务描述】

为仓库增加外购品、产成品两个分类。

【操作步骤】

(1) 在图 7 - 17 所示的"类别设置"界面中，点击【仓库】→【新增】功能按钮，弹出"新增仓库类别"界面。输入仓库类别名称，点击【保存并关闭】功能按钮。若要添加子类别，需要在新增类别时，先选择上级分类，再输入子类别名称保存，如图 7 - 21 所示。

图 7 - 21　新增仓库类别界面

(2) 修改。点击仓库类别列表的编辑行图标，可打开编辑界面进行修改。

(3) 删除。点击仓库类别列表的删除行图标可删除仓库类别。

【注意事项】

若仓库类别已在仓库档案中被使用过，则不能被删除。

5. 部门类别

部门类别是指按照部门的某种属性或某种特征，将部门进行分类管理。如果建账时选择了部门分类，则必须先进行分类，才能增加部门档案。如果建账时没有选择部门分类，则可以直接建立部门档案。

【业务描述】

为部门增加采购部、销售部、生产部、财务部四个分类。

【操作步骤】

(1) 在图 7 - 17 所示的"类别设置"界面中，点击【部门】→【新增】功能按钮，弹出"新增部门类别"界面。输入部门类别名称，点击【保存并关闭】功能按钮。若要添加子类别，需要在新增类别时，先选择上级分类，再输入子类别名称保存，如图 7 - 22 所示。

(2) 修改。点击部门类别列表的编辑行图标，可打开编辑界面进行修改。

图7-22 新增部门类别界面

（3）删除。点击部门类别列表的删除行图标，可删除部门类别。

【注意事项】

（1）若部门类别已在部门档案中被使用过，则不能被删除。

（2）如果云会计的部门档案向云进销存导入，则默认一种类别设置，不进行分类。

6. 收入类别

为了便于查询，可以自行设置收入类别。

【业务描述】

为收入增加主营业务收入、其他业务收入两个分类。

【操作步骤】

（1）在图7-17所示的"类别设置"界面中，点击【收入】→【新增】功能按钮，弹出"新增收入类别"界面。输入收入类别名称，点击【保存并关闭】功能按钮。若要添加子类别，需要在新增类别时，先选择上级分类，再输入子类别名称保存，如图7-23所示。

图7-23 新增收入类别界面

（2）修改。点击收入类别列表的编辑行图标，可打开编辑界面进行修改。

（3）删除。点击收入类别列表的删除行图标，可删除收入类别。

【注意事项】

若收入类别已在收入档案中被使用过，则不能被删除。

7. 支出类别

为了便于查询，可以自行设置支出类别。

【业务描述】

增加主营业务支出、其他业务支出两个支出类别。

【操作步骤】

(1) 在图 7 - 17 所示的"类别设置"界面中，点击【支出】→【新增】功能按钮，弹出"新增支出类别"界面。输入支出类别名称，点击【保存并关闭】功能按钮。若要添加子类别，需要在新增类别时，先选择上级分类，再输入子类别名称保存，如图 7 - 24 所示。

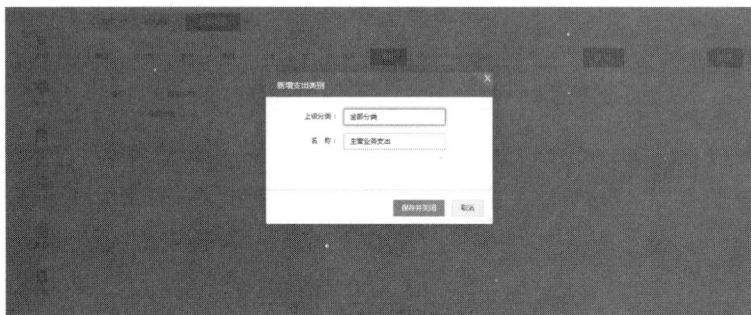

图 7 - 24　新增支出类别界面

(2) 修改。点击支出类别列表的编辑行图标，可打开编辑界面进行修改。

(3) 删除。点击支出类别列表的删除行图标，可删除支出类别。

【注意事项】

若支出类别已在支出档案中被使用过，则不能被删除。

(二) 结算方式

为了便于提高银行对账的效率，系统提供了设置银行结算方式的功能。该功能主要用来建立和管理用户在经营活动中所涉及的结算方式。

【业务描述】

增加现金结算、支票结算两种结算方式。

【操作步骤】

(1) 点击左侧主菜单栏中的【资料】→【结算方式】功能按钮，进入图 7 - 25 所示的"结算方式"界面。

图7-25 结算方式界面

（2）点击右侧的【新增】功能按钮，弹出"新增结算方式"界面。输入结算方式名称，点击【保存并关闭】功能按钮，如图7-26所示。

图7-26 新增结算方式界面

（3）修改。点击结算方式列表的编辑行图标，可打开编辑界面进行修改。

（4）删除。点击结算方式列表的删除行图标，可删除结算方式。

（三）计量单位

企业存货种类繁多，不同的存货具有不同的计量单位；同一种存货用于不同业务，其计量单位也可能不同。

【业务描述】

增加单计量单位台、吨、个。

【操作步骤】

（1）点击左侧主菜单栏中的【资料】→【计量单位】功能按钮，进入图7-27所示的"计量单位"界面。

（2）点击单计量单位右侧的【新增】功能按钮，弹出"增加单计量单位"界面。输入计量单位名称，点击【保存并关闭】功能按钮，如图7-28所示。

图 7 - 27　计量单位界面

图 7 - 28　增加单计量单位界面

（3）点击多计量单位右侧的【新增】功能按钮，弹出"增加多计量单位"界面。输入计量单位名称，点击【增加单位】功能按钮可继续增加计量单位，点击【保存并关闭】功能按钮，如图 7 - 29 所示。

图 7 - 29　增加多计量单位界面

（4）修改。点击计量单位列表的编辑行图标，可打开编辑界面进行修改。

（5）删除。点击计量单位列表的删除行图标，可删除计量单位。

【注意事项】

若计量单位已在商品档案中被使用过，则不能被删除。

（四）类型设置

系统可以对采购、销售、付款、收款进行类型设置。比如说收款可以设置为支票、现金、应收等类型。

【业务描述】

增加收款类型：支票、现金、应收。

【操作步骤】

（1）点击左侧主菜单栏中的【资料】→【类型设置】功能按钮，进入图 7 - 30 所示的"类型设置"界面。

图 7 - 30　类型设置界面

（2）选择"收款类型"后，点击右侧的【新增】功能按钮，弹出"新增收款类型"界面。输入名称和备注，点击【保存并关闭】功能按钮，如图 7 - 31 所示。

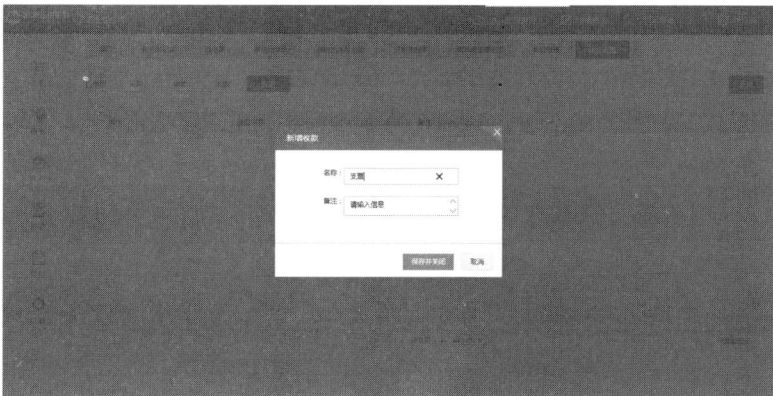

图 7 - 31　新增收款类型界面

（3）修改。点击计量单位列表的编辑行图标，可打开编辑界面进行修改。

（4）删除。点击计量单位列表的删除行图标，可删除计量单位。

【注意事项】

若计量单位已在销售档案中被使用过，则不能被删除。

二、基础资料档案

基于上述基础分类情况，录入各基础资料详细信息。

（一）供应商管理

供应商管理主要用于存储往来供应商的详细信息，以便对供应商及其业务数据进行统计和分析。

【业务描述】

增加如表7-1所示的富士达公司供应商主要资料。

表7-1　　　　　　　　富士达公司供应商主要资料

供应商编码	供应商名称	所属分类	期初余额（元）
0001	海河海绵铁矿公司	原料供应商	400 000
0002	沈阳铁矿石公司	原料供应商	180 000
0003	海河机械配件公司	原料供应商	3 200
0004	深商机械配件厂	成品供应商	

【操作步骤】

（1）点击左侧主菜单栏中的【资料】→【基础资料】→【供应商管理】功能按钮，进入图7-32所示的"供应商管理"界面。

图7-32　供应商管理界面

（2）点击【新增】功能按钮，弹出"新增供应商"界面。输入供应商编号、供应商名称、供应商类别、负责人、联系方式、联系人电话、期初余额、应付余额、地址和详细地址，点击【保存并关闭】功能按钮，如图 7-33 所示。

图 7-33 新增供应商界面

（3）修改。点击供应商管理列表的编辑行图标，可打开编辑界面进行修改。

（4）删除。点击供应商管理列表的删除行图标，可删除供应商，也可以一次选择多个供应商批量删除。

（5）启用和禁用。点击【启用】功能按钮来启用选中供应商，点击【禁用】功能按钮来禁用供应商，也可点击状态栏图标更改。

（6）导入。可以把云会计中的供应商档案导入到云进销存，但系统视为无分类。

【注意事项】

（1）供应商编号和名称为必录项，其他资料依据实际情况选择录入。

（2）供应商类别，可点击下拉框选择"全部分类"。

（3）期初余额和当前应付余额显示资金关系。若当前应付余额为正，则作为应付款进行核销；若当前应付余额为负，则作为预付款进行核销。

（4）若供应商已被使用过，则不能被删除。

（5）状态为"已禁用"的供应商，在录入单据时不能选择。

（二）客户管理

客户管理主要用于存储往来客户的基本信息，便于对客户及其业务数据进行统计和分析。

【业务描述】

增加如表7-2所示的富士达公司客户主要资料。

表7-2 富士达公司客户主要资料

客户编码	客户名称	所属分类	期初余额（元）
0001	大港汽配厂	批发	1 170 000
0002	湖南机械配置公司	批发	585 000
0003	吉林机械装配公司	代销	702 000

【操作步骤】

（1）点击左侧主菜单栏中的【资料】→【客户管理】功能按钮，进入图7-34所示的"客户管理"界面。

图7-34 客户管理界面

（2）点击【新增】功能按钮，弹出"新增客户"界面。输入客户编号、客户名称、客户类别、负责人、联系方式、联系人电话、期初余额、应收余额、地址和详细地址，如图7-35所示点击【保存并关闭】功能按钮。

（3）修改。点击客户管理列表的编辑行图标，可打开编辑界面进行修改。

图7－35　新增客户管理界面

（4）删除。点击客户管理列表删除行图标，可删除客户，也可以一次选择多个客户批量删除。

（5）启用和禁用。点击【启用】功能按钮来启用选中客户，点击【禁用】功能按钮来禁用客户，也可点击状态栏图标更改。

（6）导入。可以把云会计中的供应商档案导入到云进销存，但系统视为无分类。

【注意事项】

（1）客户编号和名称为必录项，其他资料依据实际情况选择录入。

（2）客户类别，可点击下拉框选择"全部分类"。

（3）期初余额和当前应收余额显示资金关系。若当前应收余额为正，则作为应收款进行核销；若当前应收余额为负，则作为预收款进行核销。

（4）若客户已被使用过，则不能被删除。

（5）状态为"已禁用"的客户，在录入单据时不能选择。

（三）仓库管理

仓库是用于存放存货的场所，对存货进行核算和管理，首先应对仓库进行管理。因此，设置仓库档案是进销存管理系统的重要基础工作之一。此处设置的仓库可以是企业实际拥有的仓库，也可以是企业虚拟的仓库。

【业务描述】

增加如表7-3所示的富士达公司仓库资料。

表7-3 富士达公司仓库资料

仓库编码	仓库名称	仓库类别
0001	原料仓库	外购品
0002	产成品仓库	
0003	外购品仓库	

【操作步骤】

（1）点击左侧主菜单栏中的【资料】→【仓库管理】功能按钮，进入图7-36所示的"仓库管理"界面。

图7-36 仓库管理界面

（2）点击【新增】功能按钮，弹出"新增仓库"窗口。输入仓库编号、仓库名称、负责人、地址和详细地址，点击【保存并关闭】功能按钮，如图7-37所示。

（3）修改。点击仓库管理列表的编辑行图标，可打开编辑界面进行修改。

（4）删除。点击仓库管理列表的删除行图标，可删除仓库，也可以一次选择多个仓库批量删除。

（5）启用和禁用。点击【启用】功能按钮来启用选中仓库，点击【禁用】功能按钮来禁用仓库，也可点击状态栏图标更改。

图 7-37　新增仓库界面

【注意事项】

（1）仓库编号和名称为必录项，其他资料依据实际情况选择录入。

（2）仓库类别，可点击下拉框选择"全部分类"。

（3）若仓库已被使用过，则不能被删除。

（4）状态为"已禁用"的仓库，在录入单据时不能选择。

（四）商品管理

存货是指企业在生产经营过程中为销售或生产耗用而存储的各种资产。存货档案主要是对企业全部存货目录的设立和管理，包括随同发货单或发票一起开具的应税劳务，也应设置在存货档案中。存货档案可以进行多计量单位设置。

【业务描述】

增加如表 7-4 所示的富士达公司存货资料。

表 7-4　　　　　　　　富士达公司存货资料

存货编号	存货名称	所属类别	计量单位	期初数量	最低库存	最高库存
0001	PAI	产成品	台	120（12 000 元/台）	10	300
0002	PAI	外购品	台	0	10	300
1001	原料及主要材料	原材料	吨	200（7 500 元/吨）	10	300

续表

存货编号	存货名称	所属类别	计量单位	期初数量	最低库存	最高库存
1002	辅助材料	原材料	个	200（700 元/个）	10	300
2001	修理用备件	配件	个	200（200 元/个）	5	180

【操作步骤】

（1）点击左侧主菜单栏中的【资料】→【商品管理】功能按钮，进入图 7-38 所示的"商品管理"界面。

图 7-38　商品管理界面

（2）点击【新增】功能按钮，弹出"新增商品"界面。点击【基础资料】功能按钮，输入商品编号、商品名称、商品类别、商品条码、规格型号、计量单位、参考进价、参考售价等，如图 7-39 所示；点击【库存预警】功能按钮，输入最低库存、最高库存，如图 7-40 所示；点击【期初设置】功能按钮，输入仓库、期初数量、单位成本、期初总价，如图 7-41 所示；点击【价格体系】功能按钮，输入零售价、基准批发价、基准进价、各等级价格等，如图 7-42 所示。最后点击【保存并关闭】功能按钮。

（3）修改。点击商品管理列表的编辑行图标，可打开编辑界面进行修改。

（4）删除。点击商品管理列表的删除行图标，可删除商品，也可以一次选择多个商品批量删除。

（5）启用和禁用。点击【启用】功能按钮来启用选中商品，点击【禁用】功能按钮来禁用商品，也可点击状态栏图标更改。

图 7 – 39　新增商品基础资料界面

图 7 – 40　新增商品库存预警界面

图 7 – 41　新增商品期初设置界面

图 7 – 42　新增商品价格体系界面

【注意事项】

(1) 商品编号和名称为必录项，其他资料依据实际情况选择录入。

(2) 商品类别，可点击下拉框选择"全部分类"。

(3) 录入期初库存数量时，一定要同时录入仓库和数量才能保存。若有多个仓库，可每个仓库录入一条期初库存。

(4) 若商品已被使用过，则不能被删除。

(5) 状态为"已禁用"的商品，在录入单据时不能选择。

(五) 账户管理

账户管理用于设置本企业在收付结算中对应的各个开户银行信息。系统支持多个开户银行和账号。在进销存管理系统中，如果需要开具增值税专用发票，则需要设置开户银行信息，客户档案中还要输入客户的开户银行信息和税号信息。

【业务描述】

增加如表7-5所示的富士达公司账户资料。

表7-5 富士达公司账户资料表

账户编号	账户名称	账户类别
0001	工商银行	银行存款
0002	商业银行	银行存款
0003	库存现金	现金

【操作步骤】

(1) 点击左侧主菜单栏中的【资料】→【账户管理】功能按钮，进入图7-43所示的"账户管理"界面。

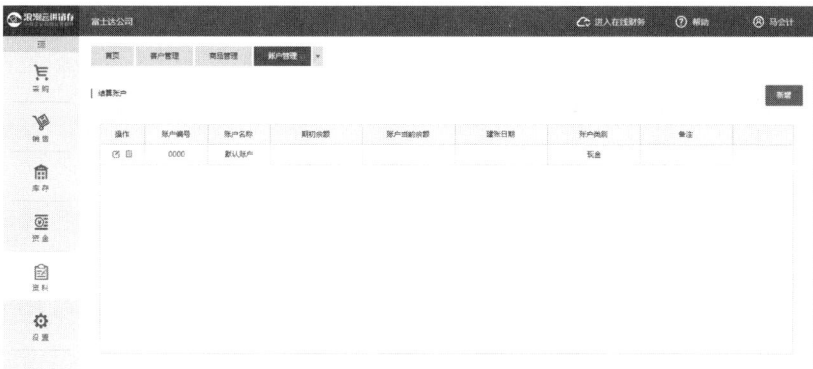

图7-43 账户管理界面

（2）点击【新增】功能按钮，弹出"增加结算账户"界面。输入账户编号、账户名称、建账日期、期初余额、账户类别，如图7-44所示，点击【保存并关闭】功能按钮。

图7-44　增加结算账户界面

（3）修改。点击账户管理列表的编辑行图标，可打开编辑界面进行修改。

（4）删除。点击账户管理列表的删除行图标，可删除账户，也可以一次选择多个账户批量删除。

【注意事项】

（1）账户编号和名称为必录项，其他资料依据实际情况选择录入。建议录入准确的期初余额，现金银行报表的数据才会准确。

（2）账户类别，可点击下拉框选择"现金"或"银行存款"。

（3）若账户已被使用过，则不能被删除。

（六）职员管理

此处职员是指企业各个职能部门中参与进销存活动的主要职员，或者是对其核算业绩的人员，而非企业全体职员。

【业务描述】

增加如表7-6所示的富士达公司职员资料。

表7-6　　　　　　　　富士达公司职员资料

职员编号	职员名称	手机号码	部门
1001	周大川	13113113111	销售部
1002	王成	13213213222	采购部
1003	崔伟	13513513555	财务部

【操作步骤】

（1）点击左侧主菜单栏中的【资料】→【职员管理】功能按钮，进入图 7-45 所示的"职员管理"界面。

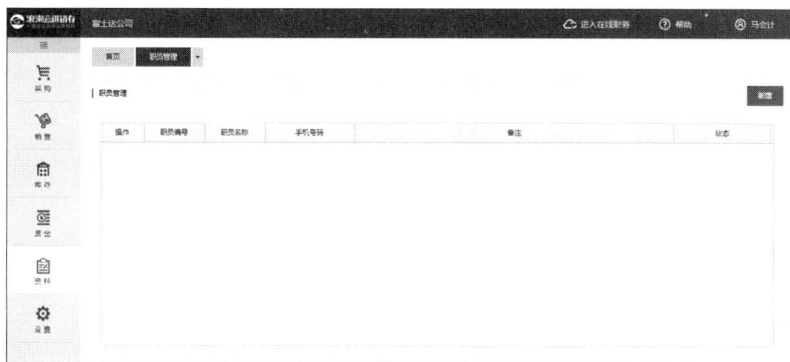

图 7-45　职员管理界面

（2）点击【新增】功能按钮，弹出"新增职员"界面。输入职员编号、职员名称、部门、职员电话，点击【保存并关闭】功能按钮，如图 7-46 所示。

图 7-46　新增职员界面

（3）修改。点击职员管理列表的编辑行图标，可打开编辑界面进行修改。

（4）删除。点击职员管理列表的删除行图标，可删除职员，也可以一次选择多个职员批量删除。

（5）启用和禁用。点击【启用】功能按钮来启用选中职员，点击【禁用】功能按钮来禁用职员。

【注意事项】

（1）职员编号和名称为必录项，其他资料依据实际情况选择录入。

（2）若职员已被使用过，则不能被删除。

（3）状态为"已禁用"的职员，在录入单据时不能选择。

第五节　业财一体

本节简要介绍云进销存与云会计中的业财一体化接口。当云会计与云进销存共同使用时，云进销存通过业财一体接口实现与云会计的集成。

一、业财一体概述

7.5 业财一体

业财一体的基本思想是实现企业经营中的业务流程和会计流程的有机结合。当用户完成业务数据流转时，能够通过接口把业务数据实时生成财务数据，在总账中直接生成凭证，实现业财数据的实时共享与同步；避免同一数据的反复输入，导致数据可靠性下降、信息不对称，进而导致结算困难等问题。

浪潮云会计主要由总账、固定资产管理、发票管理和会计报表等模块组成；云进销存主要由采购管理、库存管理、销售管理和资金管理等模块组成。浪潮云会计与云进销存的集成是通过业财一体功能来实现的。该功能把财务、进销存与管理分析融为一体，通过业财一体接口实现业务模块与财务模块的衔接，实现各个模块之间的有机整合。浪潮云进销存与云会计的有机整合，可以很好地解决业务人员不懂财务，财务人员不懂业务的窘境，只要在业财一体模块设置好会计科目，从业务模块填制的采购单、销售单等可以直接生成凭证，节省了两个部分之间的衔接转换，方便简洁，为企业在运营管理中业务财务的有效衔接和配合创造了良好的运行环境。

二、业财一体参数设置

要实现云会计与云进销存的有机整合，必须进行业财一体的参数设置，主要是进销存相关业务单据对应会计科目的设置。

【操作步骤】

在进销存中填制完成采购单或者销售单等单据后，点击【业财一体】功能按钮，进入业财一体界面，点击【进销存基础资料】功能按钮，分别对客户、供应商、商品、账户、其他收入和其他支出进行会计科目设置。

（1）关联客户的科目设置。

与客户相关的业务是销售货物，因此关联的会计科目是应收账款，即在应收账款科目栏下填入"1122 应收账款"科目，如图 7 - 47 所示。

图 7 - 47　关联客户的科目设置

（2）关联供应商的科目设置。

与供应商相关的业务是购买货物，因此关联的会计科目是应付账款，即在应付账款科目栏下填入"2202 应付账款"科目，如图 7 - 48 所示。

图 7 - 48　关联供应商的科目设置

（3）关联商品的科目设置。

与商品相关的业务是销售商品，因此库存商品关联的会计科目是"主营业务成本"和"主营业务收入"，原材料关联的是"其他业务收入"和"其他业务成本"，如图 7 - 49 所示。

图 7-49　关联商品的科目设置

（4）关联账户的科目设置。

与账户相关的业务是银行存款往来，因此关联的会计科目是"银行存款"，即在账务科目栏下填入对应科目，如图 7-50 所示。

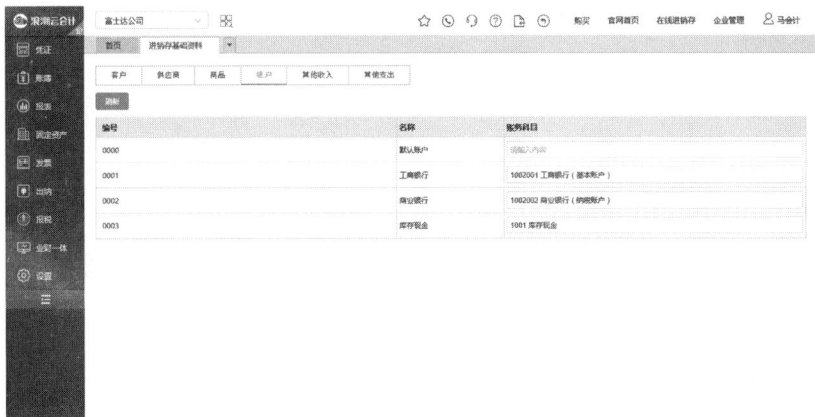

图 7-50　关联账户的科目设置

（5）关联其他收入的科目设置。

与其他收入相关的业务是各种收入活动，因此关联的会计科目是"主营业务收入""其他业务收入"，即在账务科目栏下分别填入"6001 主营业务收入""6051 其他业务收入"科目，如图 7-51 所示。

（6）关联其他支出的科目设置。

与其他支出相关的业务是各种支出活动，因此关联的会计科目是"主营业务支出""其他业务支出"，即在账务科目栏下分别填入"6401 主营业务成本""6402 其他业务成本"科目，如图 7-52 所示。

图 7–51　关联其他收入的科目设置

图 7–52　关联其他支出的科目设置

三、进销存生成凭证

【操作步骤】

（1）在会计科目设置完成后，点击【进销存生成凭证】功能按钮，进入"单据列表选择"界面，通过点击左上角的下拉框，可以选择单据的种类，如图 7–53 所示，具体单据类型的凭证生成将在后续章节加以介绍。

图 7–53　单据列表选择界面

（2）系统除提供单张单据生成凭证之外，还可以选中多张单据一起生成凭证，共有四种集合生成凭证方式，分别是"所选单据汇总生成一张凭证""所选单据按日期汇总生成凭证""所选单据按客商汇总生成凭证""每张单生成一张凭证"，可根据业务需要选择不同的方式生成凭证，如图 7 - 54 所示。

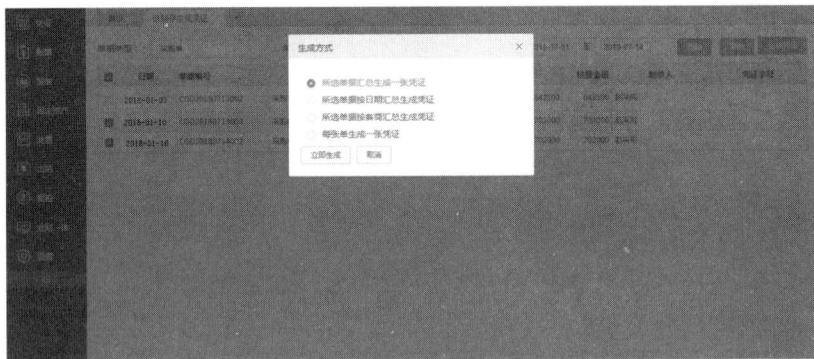

图 7 - 54　多张单据合并生成凭证界面

【注意事项】

（1）若需查看已生成的凭证，双击要查看的记录即可进入凭证查看界面。

（2）生成凭证传递到云会计中是"未审核"状态，仍需在云会计中进行审核操作。

第八章
采 购 管 理

教学目的及要求：

　　本章主要介绍采购管理的功能、各种采购管理单据的制作和采购报表的查询，以协助企业及时确认采购成本，确认并支付应付款项。本章要求能够掌握主要采购业务的相关单据的制作，了解采购管理与云进销存其他子系统的关系。

第一节　采购管理概述

　　本节主要介绍采购管理的主要功能和与其他系统的关系。

一、功能概述

　　采购是企业经营的一个核心环节，为企业保障供应、维持正常生产、降低缺货风险创造条件。传统 ERP 中的采购管理主要通过采购申请、采购订货、进货检验、收货入库、采购退货、购货发票处理、供应商管理等功能综合运用，对采购物流和资金流全过程进行有效的控制和跟踪，实现企业完善的物资供应管理信息，且采购系统与库存管理、应付管理、总账管理、现金管理结合应用，能提供企业全面的销售业务信息管理。浪潮云进销存平台中的采购系统比较简单，主要通过采购订单、采购单、采购退货等功能对采购过程进行有效的控制和跟踪。

8.1 采购管理概述

　　云进销存平台的采购管理系统包括采购单据与采购报表两部分，采购单据包括采购订单、采购订单记录、采购单、采购单记录、采购退货单、采购退货单记录；采购报表包括采购订单跟踪表、采购明细表、采购汇总表（按商品）、采购汇总表（按供应商）、采购汇总表

（按采购人员）、采购付款一览表等。采购管理的主要功能包括：

（1）记录采购情况，方便后期采购数据的查看、分析。

（2）对供应商进行有效管理。通过对供应商进行分类管理，维护供应商档案信息和供应商存货对照表，便于企业与供应商建立长期稳定的采购渠道。

（3）严格管理采购价格。进销存管理系统可以对采购价格进行严格管理，为企业降低采购成本提供依据。

（4）采购执行情况分析。进销存管理系统可以对采购订单的执行情况进行分析，便于分清责任，及时发现、解决采购过程中出现的问题，以便及时组织采购，保证生产顺利进行，并能保持较低的库存，为降低成本提供保证。

二、与其他系统的关系

采购管理子系统与云进销存的其他子系统、云会计中的总账有着数据传递联系：

（1）销售系统中的库存数量会随着采购业务的发生进行及时更新，销售管理系统可参照销售订单生成采购订单。

（2）采购单是库存系统中的一种重要库存交易单据，它会更新相应仓库的即时库存。采购发生退货时，采购退货单的数据会在库存系统及时更新。

（3）采购系统中的未付采购单可以直接传递到资金系统，作为确认应付的依据。

（4）采购系统的采购单、采购退货单通过业财一体接口实现了凭证自动生成。

第二节 采购单据

本节主要介绍采购订单、采购单、采购退货单的填制方法和单据记录的查询，以及采购业务进入业财一体模块自动生成凭证的方法，实现采购业务与总账的实时同步。

一、采购订单

8.2 采购单据

（一）采购订单

采购订单是指企业采购部门在选定供应商之后，向供应商发出的

订货单据，是采购双方订立采购合同的重要依据，包括采购所需的重要细节信息，主要有采购数量、商品规格、质量要求、采购价格、交货日期、交货地址等。

【业务描述】

1月2日，公司拟与深商机械配件厂签订一笔购货合同，购入PAI设备50台，每台11 000元，计划收入到外购品仓库。

【操作步骤】

（1）点击左侧主菜单栏中的【采购】→【采购订单】功能按钮，如图8－1所示，进入"采购订单"界面，如图8－2所示。

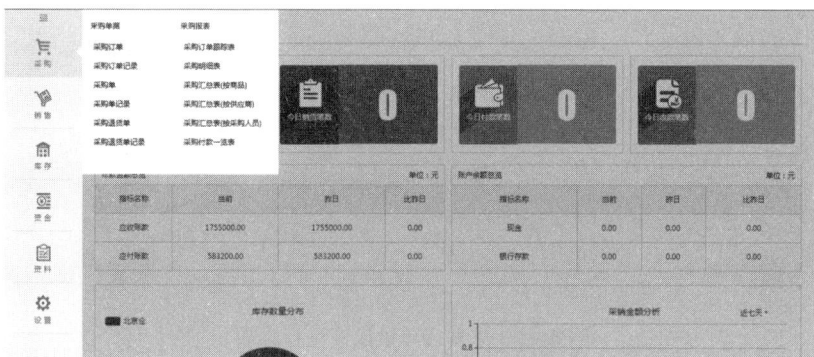

图8－1　选择进入采购订单界面

图8－2　采购订单界面

（2）在"供应商"选择框中选择供应商名称。点击供应商选择框后的【…】功能按钮，进入如图8－3所示的"选择供应商"界面，对已设置的供应商，可直接选择；对尚未设置的供应商，可点击

【新增供应商】功能按钮进行供应商新增操作。此次业务中选择供应商"深商机械配件厂"。

图 8-3　采购订单供应商选择界面

　　（3）填写业务日期、交易日期、存储仓库及商品等信息。在选择商品时，点击商品下面的空白字段即可进入如图 8-4 所示的"采购订单选择商品"界面，对已设置的商品，直接选择即可；对尚未设置的商品，可点击【新增商品】功能按钮进行新增商品操作。

图 8-4　采购订单商品选择界面

（4）输入数量和单价，自动计算出含税单价、价税合计等项目，如图8-5所示。点击【保存】功能按钮，生成采购订单。

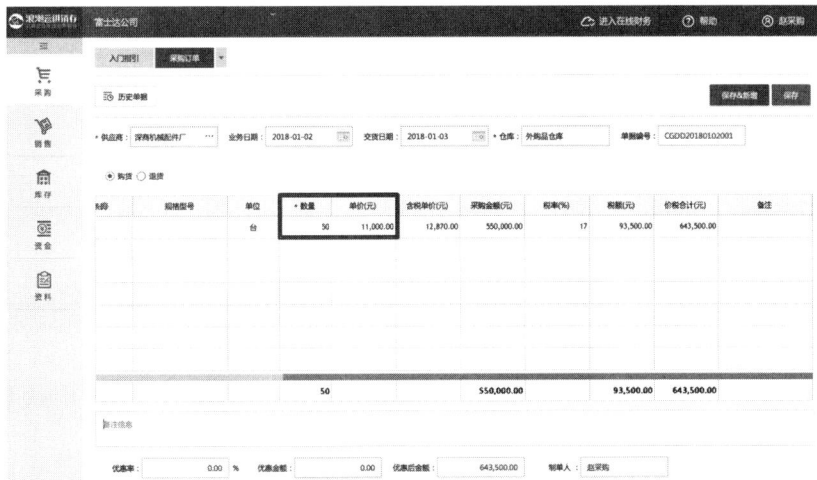

图8-5 填写采购订单界面

【注意事项】

（1）商品字段为必填项。商品资料需要先点击【资料】→【商品管理】功能按钮进行维护，若选择被禁用的商品会提示不可用。"商品"中如果是已设置的商品，则计量单位自动带出，且不可再修改。

（2）系统默认采购金额自动等于数量乘以单价，金额合计自动等于金额之和；如果修改金额自动回推单价。

（3）在系统参数中可"启用税金"，单据界面会出现税率、税额、价税合计等列。选择供应商和商品后，会自动携带出该供应商档案中设置的"税率"，并根据金额计算税额及价税合计。

（4）本次付款默认0，若在系统参数中启用"自动填充结算金额"，该字段自动填入"优惠后金额"的值，也可手工录入。

（5）点击左上角【历史单据】功能按钮可连接到采购订单记录查询界面，查询历史采购订单。

（二）采购订单记录

采购订单记录是将所填制的采购订单进行列示，方便后期采购数据查看、分析等。该功能支持采购订单记录的导出、打印等操作，同时也支持在该界面新增采购订单的操作。

【操作步骤】

（1）点击左侧主菜单栏中的【采购】→【采购订单记录】功能按钮，进入图8-6所示的"采购订单记录"界面。

图8-6 采购订单记录界面

（2）在查询时，支持时间范围、供应商与仓库等多维度查询；除此之外，可在高级搜索中，按单据编号进行查询。查询条件设置后，点击【查询】功能按钮，系统将查询结果显示在下方列表中。

（3）新增。点击【新增】功能按钮，可新增一张采购订单。

（4）修改。点击采购订单记录列表的修改行图标，可打开编辑界面进行修改。

（5）删除。点击采购订单记录列表删除图标，可删除采购订单，也可以一次选择多个采购订单批量删除。

（6）导出。选择需要导出的单据，点击【导出】功能按钮将以Excel表格的形式批量导出选择的单据。

（7）打印。选择需要打印的单据，点击【打印】功能按钮可按已预设的模板批量打印选择的单据。

二、采购单

（一）采购单

商品进货时，需要增加采购单。新增采购单保存后，会改变进货的商品库存和相关结算账户金额等。如果启用审核功能，审核后相关数据才会发生改变。增加录入采购单有两种方式：一种是根据采购订单生成；另一种是手工录入采购单。

1. 根据采购订单自动生成

【业务描述】

1月3日，正式与深商机械配件厂签订采购单，购入PAI设备50台，每台11 000元，当日验收入外购品仓库，同时收到专用发票一张，票号 ZY11220，并以支票（ZP0215566123）形式支付货款。

借：库存商品——PAI   550 000

应交税费——应交增值税（进项税额）   93 500

贷：银行存款   643 500

【操作步骤】

（1）从采购订单记录中查询到需要确认的采购订单，点击进入"采购订单"界面，点击右上方【生成采购单】功能按钮，如图 8 - 7 所示，自动生成一张采购单。

图 8 - 7　生成采购单界面

（2）在采购单界面下，需要选择该笔业务的经手人，经手人为实际进行采购操作的职员。职员资料通过点击【资料】→【职员管理】功能按钮进行维护，如图 8 - 8 所示。

图 8 - 8　选择经手人界面

（3）若采购时已同时付款，在采购单界面填写"本次付款"及"结算账户"，如图 8-9 所示；若未付款，系统生成凭证时自动将采购金额计入"应付账款"，在以后实际付款日，需填写"付款单"，并选择对应的采购单进行核销应付账款。

图 8-9 付款结算界面

2. 手工录入

采购单的手工录入方式与采购订单的手工录入方式相似。

【业务描述】

1 月 10 日，从深商机械配件厂购入 PAI 设备 50 台，每台 12 000 元，当日验收入外购品仓库，货款尚未支付。

借：库存商品——PAI   600 000

      应交税费——应交增值税（进项税额）   102 000

        贷：应付账款   702 000

【操作步骤】

（1）点击左侧主菜单栏中的【采购】→【采购单】功能按钮，如图 8-10 所示，进入"采购单"界面。

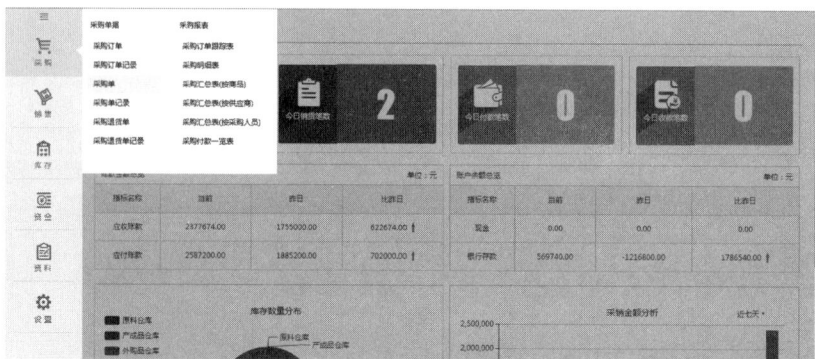

图 8-10 选择进入采购单界面

（2）选择供应商，点击右方【…】功能按钮，出现选择供应商对话框，录入本次交易的供应商、业务日期、仓库、经手人。

（3）选择商品，弹出商品选择对话框，选择购入的商品种类，输入数量和单价，自动计算出含税单价、价税合计等项目，点击【保存】功能按钮，生成采购单，如图8-11所示。

图8-11　生成采购单界面

（二）采购单记录

采购单记录是将所填制的采购单进行列示，方便后期采购数据查看、分析等。该功能支持采购单的导出、打印等操作，同时也支持在该界面新增采购单的操作。

（1）点击左侧主菜单栏中的【采购】→【采购单记录】功能按钮，进入"采购单记录"界面。

（2）在查询时，支持时间范围、供应商与仓库等多维度查询；除此之外，可在高级搜索中，按单据编号进行查询。查询条件设置后，点击【查询】功能按钮，系统将查询结果显示在下方列表中，如图8-12所示。

图8-12　采购单记录界面

（3）点击【新增】、【打印】、【导出】、【删除】功能按钮可分别进行各个操作，具体步骤可参照采购订单记录查询，在此不再赘述。

三、采购退货单

（一）采购退货单

采购退货模块实现商户日常经营过程中的采购退货和退款的管理。录入采购退货单有两种方式，一种是根据原业务的采购单生成，另一种是手工录入。

【业务描述】

1月14日，仓库反映有5台设备有质量问题，此批设备于1月3日从深商机械配件厂购入，由于质量问题要求退回。

借：应付账款　　　　　　　　　　　　　　　64 350

　　贷：库存商品——PAI　　　　　　　　　　55 000

　　　　应交税费——应交增值税（进项税额转出）　9 350

1. 根据原采购单生成

【操作步骤】

（1）从采购单记录中找到该笔业务，双击进入该笔业务的采购单界面，点击右上角的【生成采购退货单】功能按钮，如图8-13所示。

图8-13　生成采购退货单界面

（2）按照退货数量修改，如本例将数量修改为"5"，单价为"11 000"，点击【保存】功能按钮，即可生成退货单，如图8-14所示。

图 8 - 14 退货单界面

2. 手工录入

【操作步骤】

点击左侧主菜单栏中的【采购】→【采购退货单】功能按钮，如图 8 - 15 所示，进入"采购退货单"界面。填写方式参照采购单，在此不再赘述。

图 8 - 15 采购退货单界面

（二）采购退货单记录

采购退货单记录支持商户查询历史采购退货情况。该功能支持采购退货单的导出、打印等操作，同时也支持在该界面新增采购退货单的操作。

【操作步骤】

（1）点击左侧主菜单栏中的【采购】→【采购退货单记录】功能按钮，进入"采购退货单记录"界面。

（2）在查询时，支持时间范围、供应商与仓库等多维度查询；

除此之外，可在高级搜索中，按单据编号进行查询。查询条件设置后，点击【查询】功能按钮，系统将查询结果显示在下方列表中，如图 8 – 16 所示。

图 8 – 16　采购退货单记录界面

（3）点击【新增】、【打印】、【导出】、【删除】功能按钮可分别进行各个操作，具体步骤可参照采购订单记录查询，在此不再赘述。

四、采购业财一体

采购管理系统通过采购单和采购退货单实现与业财一体的集成。基于第七章第五节的业财一体中的参数设置，在业财一体模块中生成相关凭证，并自动传递到云会计中的总账中。

【操作步骤】

（1）在云进销存系统点击【进入在线财务】功能按钮，进入在线财务系统，如图 8 – 17 所示。

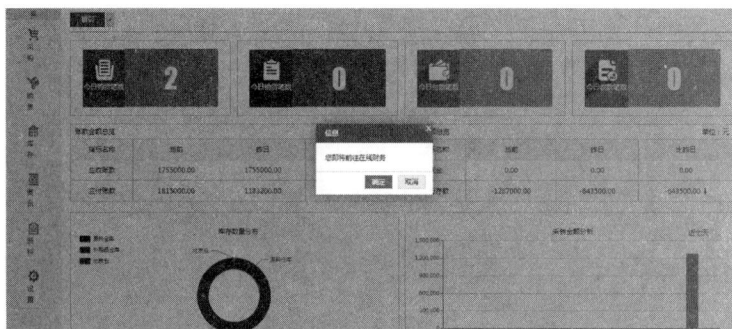

图 8 – 17　进入在线财务界面

（2）点击左侧主菜单栏中的【业财一体】→【进销存生成凭证】功能按钮，选择查询采购单，输入日期，如图 8 – 18 所示。

图 8 – 18　查询采购单界面

（3）选择需要生成凭证的单据，点击右上方【生成凭证】功能按钮，系统提示成功生成凭证，显示生成凭证的凭证字号，如图8 – 19 所示。生成的凭证可点击【凭证】→【查看凭证】功能按钮查看，如图8 – 20 所示。

图 8 – 19　已生成凭证界面

图 8 – 20　查看生成凭证界面

【注意事项】

（1）对于采购退货单，系统生成的是一张红字冲销记账凭证。

（2）自动生成的凭证是未审核状态，需要到总账中进行审核操作。

第三节 采购报表

本节主要介绍采购管理的各种报表，主要有采购订单跟踪表、采购明细表、采购汇总表、采购付款一览表。

一、采购订单跟踪表

采购订单跟踪表统计一段时期内商品的采购订单明细情况，可选择全部供应商、商品、仓库进行统计，也可挑选部分供应商、商品、仓库进行统计。报表展示按单据日期正序排列，同一张单据中的分录顺序与单据界面分录一致。

8.3采购报表

【操作步骤】

（1）点击左侧主菜单栏中的【采购】→【采购订单跟踪表】功能按钮，进入"采购订单跟踪表查询"界面，选择查询期间后可以分别按供应商、商品名称查询，点击【展开高级搜索】功能按钮可以按仓库、单据编号、状态进行查询，如图8-21所示。

图8-21 采购订单跟踪表查询界面

（2）如需调整列表显示的项目类别和项目顺序，点击左侧【列表调整】功能按钮，根据实际情况选择【是否显示】、【前移】或【后移】功能按钮，点击【完成】功能按钮调整完毕，如图8-22所示。

图 8 - 22 表格列设置界面

二、采购明细表

采购明细表会统计一段时期内商品的采购明细情况，可选择全部供应商、商品、仓库进行统计，也可挑选部分供应商、商品、仓库进行统计。报表展示按单据日期倒序排列，同一张单据中的分录顺序与单据界面分录一致。采购明细表中的列头字段的取值，均直接取购货单中对应列的值。

【操作步骤】

点击左侧主菜单栏中的【采购】→【采购明细表】功能按钮，进入"采购明细表查询"界面，选择查询期间后可以分别按供应商、商品名称查询，也可选择部分供应商、商品进行组合查询，点击【展开高级搜索】功能按钮可以按仓库、单据编号、采购人员进行查询，如图 8 - 23 所示。

图 8 - 23 采购明细表查询界面

三、采购汇总表

（一）按商品汇总

按商品汇总的采购汇总表统计一段时期内对某商品进行采购的汇总数，可选择全部商品、仓库进行统计，也可挑选部分商品、仓库进行统计。采购汇总表中的列头字段的取值，均直接取自采购单中同一商品分录对应列的值的合计，单价为汇总表中的"采购金额÷基本数量"。

【操作步骤】

点击左侧主菜单栏中的【采购】→【采购汇总表（按商品）】功能按钮，进入"采购汇总表（按商品）查询"界面，选择查询期间后可以分别按商品、仓库名称查询，也可选择部分商品、仓库进行组合查询，点击【展开高级搜索】功能按钮可以按商品类别进行查询，如图 8-24 所示。

图 8-24 采购汇总表（按商品）查询界面

（二）按供应商汇总

按供应商汇总的采购汇总表统计一段时期内向某供应商进行采购的汇总数，可选择全部供应商、商品进行统计，也可挑选部分供应商、商品进行统计。采购汇总表中的列头字段的取值，均直接取自采购单中同一商品分录对应列的值的合计。

【操作步骤】

点击左侧主菜单栏中的【采购】→【采购汇总表（按供应商）】功能按钮，进入"采购汇总表（按供应商）查询"界面，选择查询期间后可以分别按供应商、商品名称查询，也可选择部分供应商、商品进行组合查询，点击【展开高级搜索】功能按钮可以按仓库、供应商类别进行查询，如图 8 - 25 所示。

图 8 - 25 采购汇总表（按供应商）查询界面

（三）按采购人员汇总

按采购人员汇总的采购汇总表统计一段时期内向某供应商进行采购的汇总数，可选择全部采购人员、商品进行统计，也可挑选部分采购人员、商品进行统计。采购汇总表中的列头字段的取值，均直接取自购货单中同一商品分录对应列的值的合计，采购人即经手人。

【操作步骤】

点击左侧主菜单栏中的【采购】→【采购汇总表（按采购人员）】功能按钮，进入"采购汇总表（按采购人员）查询"界面，选择查询期间后可以分别按采购人员、商品名称查询，也可选择部分采购人员、商品进行组合查询，点击【展开高级搜索】功能按钮可以按商品类别、仓库进行查询，如图 8 - 26 所示。

图 8 - 26 采购汇总表（按采购人员）查询界面

四、采购付款一览表

采购付款一览表统计一段时期内产生的采购单据的收付款跟踪记录。报表展示按业务类别分两模块展示，分别按单据日期排序。报表显示采购金额、优惠金额、优惠后金额，本次付款/退款，直接取自采购单中对应字段的数值；若有付款单或核销单对该采购单核销应付款，则本次付款金额为这张付款单或核销单中对该采购单核销的金额；应付款余额为这张采购单总应付金额付款后或被核销后的余额。

【操作步骤】

点击左侧主菜单栏中的【采购】→【采购付款一览表】功能按钮，进入"采购付款一览表查询"界面，选择查询期间后可以选择部分供应商，或直接输入采购单号查询，点击【展开高级搜索】功能按钮可以按商品类别、仓库进行查询，如图 8 - 27 所示。

图 8 - 27　采购付款一览表查询界面

第九章
销售管理

教学目的及要求：

    本章主要介绍销售管理的功能、各种销售管理单据的制作和销售报表的查询，以协助企业及时确认销售收入，确认并收取应收款项。本章要求能够掌握主要销售业务的处理流程、处理方法和处理步骤，了解销售管理系统与云进销存其他子系统的紧密联系。

第一节　销售管理概述

    本节主要介绍销售管理的主要功能和与其他系统的关系。

一、功能概述

    销售是为客户提供产品及服务，从而实现企业的资金周转并获取利润，为企业提供生存与发展的动力。传统 ERP 中的销售管理主要通过销售报价、销售订单、销售发货、退货、销售发票处理、客户管理、价格管理等功能，对销售全过程进行有效的控制和跟踪，它与库存管理系统、应收管理、生产、成本等子系统结合应用，为企业提供全面的销售业务信息管理。浪潮云进销存中的销售系统同采购系统类似，比较简单、易用，主要通过销售订单、销售单、销售退货等功能对销售过程进行有效的控制和跟踪。

9.1 销售管理
概述

    销售管理的功能主要是记录销售情况，方便后期销售数据查看、分析等，包括销售单据与销售报表两部分，销售单据包括销售单、销售单记录、销售退货单、销售退货单记录等；销售报表包括销售明细表、销售汇总表、销售收款一览表等。销售管理的主要功能包括：

（1）有效管理客户。对客户进行分类管理，维护客户档案，制定针对客户的价格政策，建立长期稳定的销售渠道。

（2）根据市场需求信息，进行产品销售预测。

（3）编制销售计划。销售计划编制是按照客户订单、市场预测情况和企业生产情况对一定时期内企业的销售品质、各品种的销售量与销售价格做出安排。企业也可以根据某个业务员制订销售计划。

二、与其他系统的关系

销售管理子系统与云进销存的其他子系统、云会计中的总账有着数据传递联系：

（1）采购系统中的库存数量会随着销售业务的发生进行及时更新，销售管理系统可参照销售订单生成采购订单。

（2）销售单是库存系统中的一种重要库存交易单据，它会更新相应仓库的即时库存。销售发生退货时，销售退货单的数据会在库存系统及时更新。

（3）销售系统中的应收款单可以直接传递到资金系统，作为确认应收账款的依据。

（4）销售系统的销售单、销售退货单通过业财一体接口实现了凭证自动生成。

第二节　销售单据

本节主要介绍销售订单、销售单、销售退货单的填制方法和单据记录的查询，销售数据与业财一体模块自动生成凭证的步骤，以实现销售业务与总账的实时同步。

一、销售订单

9.2 销售单据

（一）销售订单

销售订单，指的是企业与客户之间签订的一种销售协议。销售订单可以实现企业与客户之间的沟通，是实现客户对企业待售货物的一种请求，同时也是企业对客户的一种销售承诺。销售订单可以作为计算采购建议、下达生产任务、销售发货凭证和应收款凭证的依据。

【业务描述】

1月7日,与大港汽配厂签订销售订单,向其销售 30 台 PAI 设备,单价 19 000 元,商品计划从外购品仓库发出。

【操作步骤】

(1) 点击左侧主菜单栏中的【销售】→【销售订单】功能按钮,如图 9-1 所示,进入"销售订单编辑"界面,如图 9-2 所示。

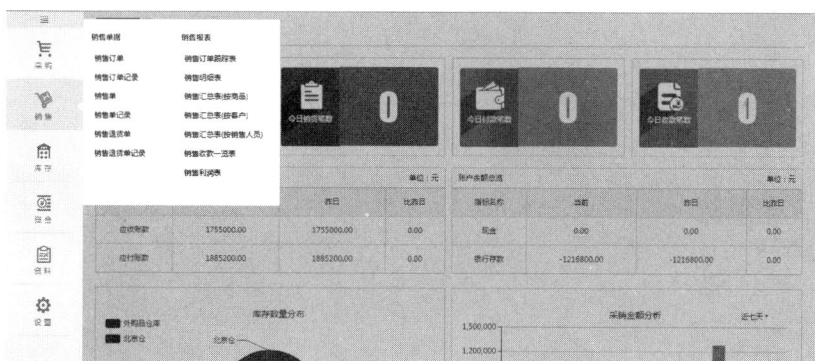

图 9-1 销售订单进入界面

图 9-2 销售订单编辑界面

(2) 点击客户字段框的【…】功能按钮,进入"选择客户"界面,如图 9-3 所示。对已设置的客户,可直接选择;对尚未设置的客户,可点击【新增客户】功能按钮进行客户新增操作。此次业务中选择客户"大港汽配厂",点击【确定】功能按钮。

图9-3 选择客户界面

（3）填写业务日期、交易日期、存储仓库及商品等信息。在选择商品时，点击商品下面的空白字段即可进入如图9-4所示的"选择商品"界面，对已设置的商品，直接选择即可；对尚未设置的商品，可点击【新增商品】功能按钮进行新增商品操作。此处点击【外购品】功能按钮，选择"0002PAI"前复选框，点击【确定】功能按钮。

图9-4 选择商品界面

（4）输入数量和单价，自动计算出含税单价、价税合计等项目，如图9-5所示，点击【保存】功能按钮，生成销售订单。

图9-5　销售订单界面

（5）若销售人员被赋予生成采购订单权限，则可以根据销售订单生成采购订单。在保存的销售订单界面，点击右上角【生成采购订单】功能按钮，即可生成采购订单，生成后点击【保存】功能按钮进行保存，如图9-6所示。

图9-6　销售订单生成界面

【注意事项】

（1）商品字段为必填项。商品资料通过点击【资料】→【商品管理】功能按钮进行维护，若选择被禁用的商品会提示不可用。"商品"中如果是已设置的商品，则计量单位自动带出，且不可再修改。

（2）系统默认销售金额自动等于数量乘以单价，金额合计自动等于金额之和；如果修改金额自动回推单价。

（3）在系统参数中可"启用税金"，单据界面会出现税率、税额、价税合计等列。选择客户和商品后，会自动携带出该客户档案中设置的"税率"，并根据金额计算税额及价税合计。

（4）本次收款默认 0，若在系统参数中启用"自动填充结算金额"后，该字段自动填入"优惠后金额"的值，也可手工录入。

（5）若参数设置时勾选了启用审核，则销售单等所有单据需审核后数据才会生效，商品库存数量、资金、应收账款等数据才会发生相应变化。

（6）点击左上角【历史单据】功能按钮可连接到"销售订单记录查询"界面，查询历史销售订单。

（二）销售订单记录

销售订单记录用于记录销售单据，方便后期销售数据查看、分析等。该功能支持销售订单记录的导出、打印等操作，同时也支持在该界面新增销售订单的操作。

【操作步骤】

（1）点击左侧主菜单栏中的【销售】→【销售订单记录】功能按钮，进入图 9-7 所示的"销售订单记录查询"界面。

图 9-7　销售订单记录查询

（2）在查询时，支持时间范围、客户与仓库等多维度查询；除此之外，可在高级搜索中，按单据编号进行查询。查询条件设置后，点击【查询】功能按钮，系统将查询结果显示在下方列表中。

（3）新增。点击【新增】功能按钮，可新增一张销售订单。

（4）修改。点击销售订单记录列表的修改行图标，可打开编辑界面进行修改。

（5）导出。选择需要导出的单据，点击【导出】功能按钮可以 Excel 表格的形式批量导出选择的单据。

（6）打印。选择需要打印的单据，点击【打印】功能按钮可按已预设的模板批量打印选择的单据。

（7）删除。点击销售订单记录列表的删除行图标，可删除销售单，也可以一次选择多个销售单批量删除。

（8）列表调整。点击左侧【列表调整】功能按钮，可调整列表顺序，也可对列表是否显示进行调整。

二、销售单

（一）销售单

商品销售时新增销售单。保存新增的销售单后将会改变商品的库存数量和相关结算账户金额等信息，若启用审核功能，单据经审核后才会生效，相关数据才会改变。

录入销售单有两种方式：一种是根据销售订单生成；另一种是手工录入。

1. 根据销售订单自动生成

【业务描述】

1月9日，正式与大港汽配厂签订销售单，并据此开具专用销售发票（ZY1237890）一张。当日将票据交给财务部门，结转此项业务的收入和成本（成本采用移动加权平均法）。

借：应收账款　　　　　　　　　　　　666 900

　　贷：主营业务收入　　　　　　　　　　570 000

　　　　应交税费——应交增值税——销项税额　96 900

【操作步骤】

（1）从销售订单记录中查询到需要确认的销售订单，点击进入"销售订单"界面，点击右上方【生成销售单】功能按钮，如图9-8所示，自动生成一张销售单。

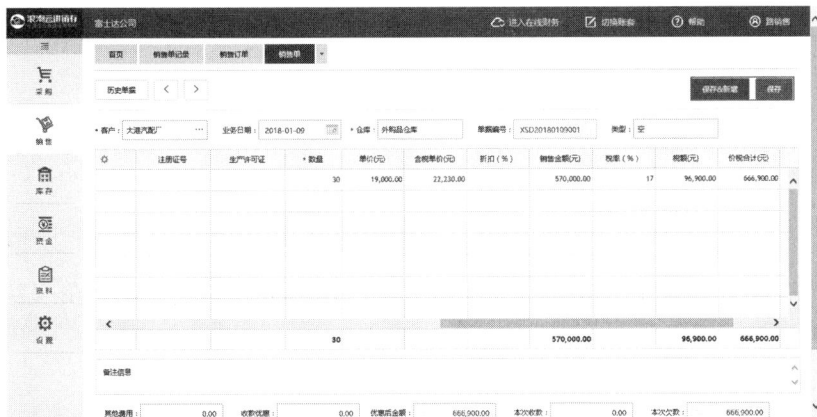

图9-8　销售单界面

（2）填制经手人、应收款项信息等操作与采购单相似，在此不再赘述。

2. 手工录入

销售单的手工录入方式与销售订单的手工录入方式相似。

【业务描述】

1 月 13 日，签订销售单，向湖南机械配置公司销售 PAI 设备 80 台，单价 18 900 元，由产成品仓库发出，并开具专用销售发票一张。款项已经收到。

借：银行存款　　　　　　　　　　　　　　　　　　1 769 040

　　贷：主营业务收入　　　　　　　　　　　　　　1 512 000

　　　　应交税费——应交增值税——销项税额　　　　257 040

【操作步骤】

（1）参照销售订单填制步骤填制成销售单，本次业务直接收到货款，因此需要在销售单界面下方"本次收款"内填写本次销售收入获得的银行存款总额 1 769 040 元，如图 9-9 所示。

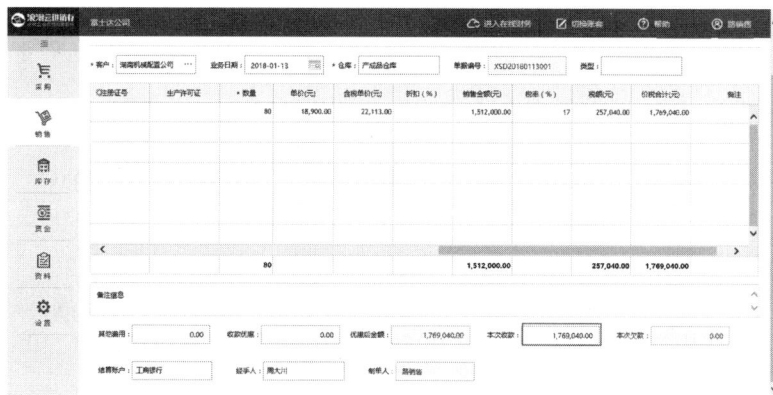

图 9-9　生成销售单界面

（2）生成销售单后，选择工具栏中的【新增＆保存】功能按钮进行新增并且保存操作，或者点击【保存】功能按钮进行保存操作。

（二）销售单记录

销售单记录用于记录销售单据，方便后期销售数据查看、分析等。该功能支持销售单记录的导出、打印等操作，同时也支持在该界面新增销售单的操作。

【操作步骤】

（1）点击左侧主菜单栏的【销售】→【销售单记录】功能按钮，进入"销售单记录查询"界面。

（2）在查询时，支持时间范围、客户与仓库等多维度查询；除此之外，可点击【展开高级搜索】功能按钮，按单据编号进行查询。查询条件设置后，点击【查询】功能按钮，系统将查询结果显示在下方列表中，如图9－10所示。

图9－10　销售单记录查询界面

（3）点击【新增】、【打印】、【导出】、【删除】功能按钮可分别进行各个操作，具体步骤可参照销售订单记录查询，在此不再赘述。

三、销售退货单

（一）销售退货单

销售退货模块实现商户日常经营过程中的销售退货和退款管理。录入销售退货单有两种方式：一种是根据原业务的销售单生成；另一种是手工录入。

【业务描述】

1月11日，大港汽配厂退回于1月9日购买的2台设备，入外购品仓库，经手人周大川。

借：主营业务收入　　　　　　　　　　　38 000

　　应交税费——应交增值税——销项税额　6 460

　　贷：应收账款　　　　　　　　　　　　44 460

1. 根据原销售单生成

【操作步骤】

（1）从销售单记录中找到该笔业务，双击进入该笔业务的销售单页面，点击右上角的【生成销售退货单】功能按钮，如图9－11所示。

图9-11　销售退货单界面

（2）销售退货单具体填写方式参照销售订单填写步骤。

客户选择大港汽配厂，业务日期选择 2018-01-11，仓库选择外购品仓库，单据编号自动生成，经手人选择周大川；表体信息：商品选择 0002 PAI，数量填2，单价填写 19 000 元，其余自动生成。如图 9-12 所示。

图9-12　生成销售退货单界面

2. 手工录入

【操作步骤】

点击左侧主菜单栏中的【销售】→【销售退货单】功能按钮，进入"销售退货单"界面。填写方式参照销售单，在此不再赘述。

（二）销售退货单记录

销售退货单记录支持商户查询历史退货情况。该功能支持销售订单记录的导出、打印等操作，同时也支持在该界面新增销售订单的操作。

【操作步骤】

(1) 点击左侧主菜单栏中的【销售】→【销售退货单记录】功能按钮，进入"销售退货单记录查询"界面。

(2) 筛选所需查询的条件，可以分别按客户、仓库进行查询。具体查询步骤参照销售订单记录查询，在此不再赘述，如图9-13所示。

图9-13 销售退货单记录查询界面

四、销售业财一体

云进销存实现了根据销售单和销售退货单的信息进入在线财务系统的业财一体化模块中自动生成凭证的功能。

【操作步骤】

(1) 点击主菜单栏中的【业财一体】功能按钮，进入"控制台"界面，如图9-14所示。

图9-14 控制台界面

（2）点击左侧主菜单栏中的【业财一体】→【进销存生成凭证】功能按钮，进入"进销存生成凭证"界面，然后点击单据类型下拉列表，选择"销售单"，选择适当的查询期间，点击【查询】功能按钮，显示该期能生成凭证的销售单，如图9－15所示。

图9－15　进销存生成凭证界面

（3）勾选需要生成凭证的单据，点击右上方【生成凭证】功能按钮，系统提示成功生成凭证，显示生成凭证的凭证字号，如图9－16所示。生成的凭证通过点击【凭证】→【查看凭证】功能按钮查看，如图9－17所示。

图9－16　选择生成凭证界面

图 9 – 17　查看凭证界面

【注意事项】

（1）对于销售退货单，系统生成的是一张红字冲销记账凭证。

（2）自动生成的凭证是未审核状态，需要到总账中进行审核操作。

第三节　销售报表

本节主要介绍销售管理的报表，主要有销售订单跟踪表、销售明细表、销售汇总表、销售收款一览表、销售利润表。

一、销售订单跟踪表

销售订单跟踪表是对一段时期内商品的销售订单明细情况进行统计，可选择全部客户、商品、仓库进行统计，也可挑选部分客户、商品、仓库进行统计。报表按单据日期正序排列进行展示。

【操作步骤】

（1）点击左侧主菜单栏中的【销售】→【销售订单跟踪表】功能按钮，进入"销售订单跟踪表查询"界面。

9.3 销售报表

（2）查询。选择查询期间后可以分别按客户、商品名称查询。点击【展开高级搜索】功能按钮可以按仓库、单据编号、状态进行查询，也可选择仓库、单据编号、状态进行组合查询。具体查询步骤参照销售订单记录查询，在此不再赘述，如图 9 – 18 所示。

图 9 - 18　销售订单跟踪表查询界面

（3）点击【打印】、【导出】、【列表调整】功能按钮可分别进行相关操作，具体操作参照销售订单记录步骤，在此不再赘述。

二、销售明细表

销售明细表是对一段时期内商品的销售明细情况进行统计，可选择全部客户、商品进行统计，也可挑选部分客户、商品进行统计。

【操作步骤】

（1）点击左侧主菜单栏中的【销售】→【销售明细表】功能按钮，进入"销售明细表查询"界面。

（2）查询。选择查询期间后可以分别按客户、商品名称查询。点击【展开高级搜索】功能按钮可以按仓库、单据编号、销售人员、业务类别进行查询。也可选择仓库、单据编号、销售人员、业务类别进行组合查询。具体查询步骤参照销售订单记录查询，在此不再赘述，如图 9 - 19 所示。

图 9 - 19　销售明细表查询界面

（3）点击【打印】、【导出】、【列表调整】功能按钮可分别进行相关操作，具体操作参照销售订单记录步骤，在此不再赘述。

三、销售汇总表

（一）按商品汇总

按商品汇总的销售汇总表是对一段时期内对某商品进行销售的汇总统计，可选择全部商品、仓库进行统计，也可挑选部分商品、仓库进行统计。

【操作步骤】

（1）点击左侧主菜单栏中的【销售】→【销售汇总表（按商品）】功能按钮，进入"销售汇总表（按商品）查询"界面。

（2）查询。选择查询期间后可以分别按客户、商品名称查询。点击【展开高级搜索】功能按钮可以按商品类别进行查询。具体查询步骤参照销售订单记录查询，在此不再赘述，如图9-20所示。

图9-20 销售汇总表（按商品）查询界面

（3）点击【打印】、【导出】、【列表调整】功能按钮可分别进行相关操作，具体操作参照销售订单记录步骤，在此不再赘述。

（二）按客户汇总

按客户汇总的销售汇总表是对一段时期内给某客户进行销售的汇总数进行统计，可选择全部客户、商品进行统计，也可挑选部分客户、商品进行统计。报表展示先按客户编号正序排序，同一客户销售数据再按商品编号排列。销售汇总表中的单价为汇总表中的"销售收入÷数量"。

【操作步骤】

(1) 点击左侧主菜单栏中的【销售】→【销售汇总表(按客户)】功能按钮,进入"销售汇总表(按客户)查询"界面。

(2) 查询。选择查询期间后,可以分别按客户、商品名称查询。点击【展开高级搜索】功能按钮可以按仓库、客户类别进行查询,也可以按照仓库、客户类别组合查询。具体查询步骤参照销售订单记录查询,在此不再赘述,如图9-21所示。

图9-21 销售汇总表(按客户)查询界面

(3) 点击【打印】、【导出】、【列表调整】功能按钮可分别进行相关操作,具体操作参照销售订单记录步骤,在此不再赘述。

(三) 按销售人员汇总

按销售人员汇总的销售汇总表是对一段时期内某销售人员销售情况的进行统计,销售人员即经手人,可选择全部销售人员、商品进行统计,也可挑选部分销售人员、商品进行统计。

【操作步骤】

(1) 点击左侧主菜单栏中的【销售】→【销售汇总表(按销售人员)】功能按钮,进入"销售汇总表(按销售人员)查询"界面。

(2) 查询。选择查询期间后可以分别按销售人员、商品名称查询。点击【展开高级搜索】功能按钮可以按商品类别、仓库,也可按照商品类别、仓库组合查询。具体查询步骤参照销售订单记录查询,在此不再赘述,如图9-22所示。

图 9-22 销售汇总表（按销售人员）查询界面

（3）点击【打印】、【导出】、【列表调整】功能按钮可分别进行相关操作，具体操作参照销售订单记录步骤，在此不再赘述。

四、销售收款一览表

销售收款一览表是对一段时期内产生的销售单据的收款跟踪记录进行统计。报表按业务收款情况进行展示，报表中的销售金额，优惠金额，优惠后金额，客户承担费用，本次收款直接取销货单中对应字段的数值；若有收款单或核销单对该销货单核销应收款，则本次收款为这张收款单或核销单中对该销货单核销的金额；应收款余额为这张销货单总应收金额减去已收款或被核销后余额。

【操作步骤】

（1）点击左侧主菜单栏中的【销售】→【销售收款一览表】功能按钮，进入"销售收款一览表查询"界面。

（2）查询。选择查询期间后可以分别按客户、单据编号查询。点击右侧【展开高级搜索】功能按钮可以按照客户类别进行筛选查询。具体查询步骤参照销售订单记录查询，在此不再赘述，如图 9-23 所示。

图 9-23 销售收款一览表查询界面

（3）点击【打印】、【导出】、【列表调整】功能按钮可分别进行相关操作，具体操作参照销售订单记录步骤，在此不再赘述。

五、销售利润表

销售利润表是对一段时间内销售业务的获利情况进行统计，可以计算出每笔销售业务的销售毛利、销售净利，并且可以直观反映出该笔业务是否收到货款。

【操作步骤】

（1）在云进销存中点击左侧主菜单栏中的【销售】→【销售利润表】功能按钮，进入"销售利润表查询"界面。

（2）查询。选择查询期间后可以按客户类别查询。点击右侧【展开高级搜索】功能按钮可以按销售编号和业务类别进行筛选查询，具体查询步骤参照销售订单记录查询，在此不再赘述，如图9-24所示。

图9-24　销售利润表查询界面

（3）点击【导出】、【列表调整】功能按钮可分别进行相关操作，具体操作参照销售订单记录步骤，在此不再赘述。

第十章 库存管理

教学目的及要求：

本章主要介绍库存管理的功能、各种库存管理单据的制作和库存报表的查询，以熟悉库存管理如何通过相关单据实现库存物资管控。本章要求掌握库存管理的相关单据制作和库存业财一体化操作，了解库存管理与云进销存子系统之间的关系。

第一节 库存管理概述

本节主要介绍库存管理的主要功能和与其他系统的关系。

一、功能概述

库存管理是对制造业或服务业生产、经营全过程的各种物品、产成品以及其他资源进行管理和控制，使其储备保持在经济合理的水平上的企业管理方式。库存管理主要通过物料的出入库、物料的移动管理、库存盘点、库存物料信息分析来实现库存的管理，以达到库存物资在满足需求的前提下，成本尽可能控制在最少的目的。库存管理系统是浪潮云会计进销存的重要子系统，可以实现调拨管理、盘点管理、其他出入库与报表查询和分析等功能，目前能够实现零售业、简单制造业库存管理方面的需求。库存管理系统的主要功能包括：

10.1 库存管理概述

（1）调拨管理：用户可以将商品在不同的仓库之间进行调拨。

（2）盘点管理：将仓库中存货的实物数量和账面数量进行核对。

（3）其他出入库：处理与主营业务收入无关的物品的出入库。

（4）报表查询和分析：用户可以查询各类库存报表，包括库存上下限预警、商品库存余额表、商品收发明细表、商品收发汇总表。

二、与其他系统关系

库存管理系统与云进销存的其他子系统、云会计中的总账有着数据传递联系：

（1）采购管理系统发生采购业务之后，库存管理系统中的数据会自动发生变化。

（2）销售管理系统发生销售业务之后，库存管理系统中的数据会自动发生变化。

（3）库存管理系统填制其他入库单、其他出库单后，在资金管理系统会相应生成其他业务收入、其他业务支出。

第二节　库存单据

本节主要介绍库存管理的调拨单、盘点单、其他出库单、其他入库单、成本调整单的填制和相应的单据记录查询，库存数据与业财一体模块自动生成凭证的步骤，以实现库存数据与总账的同步。

一、调拨单

10.2 库存单据

（一）调拨单录入

调拨是指存货在仓库之间或部门之间变迁的业务。

【业务描述】

1月26日，由于业务需要，将外购品仓库中的10台设备调拨到产成品仓库。

【操作步骤】

（1）如图10-1所示，点击左侧主菜单栏中的【库存】→【调拨单】功能按钮，进入图10-2所示的"调拨单"界面。

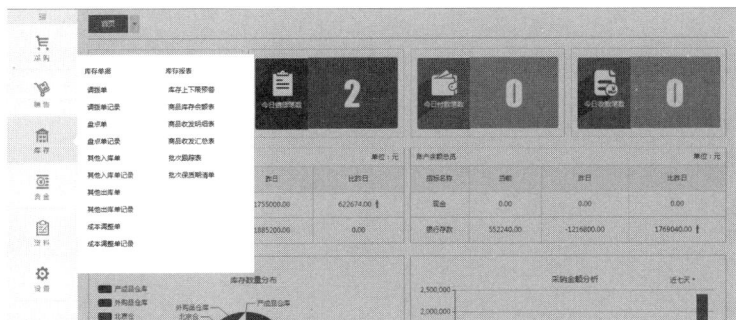

图 10 – 1　库存界面

图 10 – 2　调拨单界面

（2）点击【业务日期】后面的日期图标，选择"业务日期"。

（3）点击第一行"商品"下的空白框，出现【选择】功能按钮，点击【选项】功能按钮，弹出"选择商品"界面，如图 10 – 3 所示。点击图 10 – 3 中"全部分类"前面的【＋】功能按钮展开全部分类，点击【外购品】功能按钮，则右侧只显示属于"外购品"的商品，选中需要调拨的商品前的复选框，点击【确定】功能按钮。

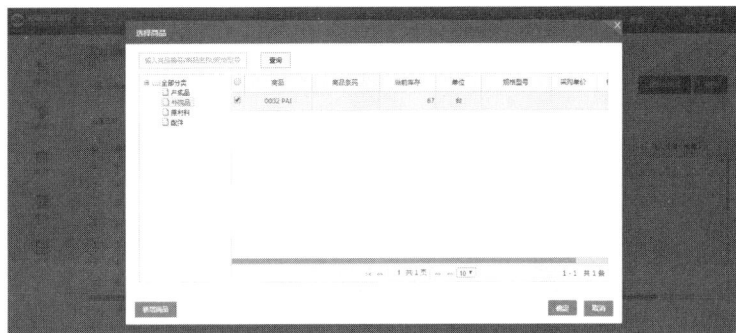

图 10 – 3　调拨单选择商品界面

（4）录入数量、调出仓库、调入仓库，点击【保存】功能按钮，如图 10 – 4 所示。

图 10-4　外购品调拨单界面

【注意事项】

（1）数量默认为1，可以修改。

（2）调入仓库和调出仓库可以批量设置。

（3）若启用了审核，则审核后同时扣减商品在调出仓库的数量，增加商品在调入仓库的数量，商品的库存成本金额不会改变。

（二）调拨单记录

调拨单记录用于记录所有填制的调拨单，可以按条件查找已保存的所有调拨单。

【操作步骤】

（1）在图10-1中，点击左侧主菜单栏中的【库存】→【调拨单记录】功能按钮，进入图10-5所示的"调拨单记录"界面。

图 10-5　调拨单记录界面

（2）查询。查询日期范围可以任意调整；商品如果为空表示查询所有商品，可打开选择框勾选部分商品进行查询；点击【展开高级搜索】功能按钮，可按调出仓库、调入仓库进行查询，如图10-6所示。查询条件设置后，点击【查询】功能按钮，系统按条件把查询结果以商品编号排序显示在下方列表中。

图 10 - 6　调拨单查找界面

（3）修改。点击调拨单记录列表的修改行图标，可打开编辑界面进行修改。

（4）删除。点击调拨单记录列表的删除行图标，可删除调拨单，也可以一次选择多个调拨单批量删除。

（5）导出。勾选需要导出的单据，点击【导出】功能按钮可以Excel 表格的形式批量导出勾选的单据。

（6）打印。勾选需要打印的单据，点击【打印】功能按钮可按已预设的模板批量打印勾选的单据。

【注意事项】

若在参数设置时勾选了"启用审核"，在查询调拨单记录界面【列表调整】功能按钮一行中，会有【审核】、【反审核】功能按钮出现在【新增】、【导出】、【打印】功能按钮的左侧。勾选需要审核（反审核）的单据，点击【审核】（【反审核】）功能按钮，可以批量审核（反审核）当前列表中已勾选的单据。

二、盘点单

（一）盘点单录入

盘点是指将仓库中存货的实物数量和账面数量进行核对。根据记录的所有业务得到账面数量，在手工录入仓库中，实际库存数量即盘点数量，系统根据它们之间的差异，通过填制盘点单，自动判断盘亏或盘盈。

为了保证企业库存资金的安全和完整，做到账实相符，企业必须对存货进行定期或不定期的清查，查明存货盘盈、盘亏、损毁的数量以及造成的原因，并据以编制存货盘点报告表，按规定程序报有关部门审批。

【业务描述】

1月31日，月末财产清查，发现修理用备件损坏5个，单位成本200元，经查实是管理不善造成的。确认仓管部王库存赔偿损失1 000元，其余计入当期损益。

提示：该笔业务需增加二级明细科目：待处理财产损溢——流动资产、管理费用——其他。

【操作步骤】

（1）在图10-1中，点击左侧主菜单栏中的【库存】→【盘点单】功能按钮，进入图10-7所示的"盘点单"界面。

图10-7　盘点单界面

（2）录入单据编号、业务日期、仓库、商品名称或商品类别，点击【查询】功能按钮，即显示出需要盘点的商品信息，在"盘点库存"下的空白框中录入实际库存数，点击回车键，自动计算出"盘盈盘亏"，如图10-8所示。点击【生成盘点单据】功能按钮，自动产生盘盈盘亏单。

图10-8　盘点单查询结果界面

【注意事项】

（1）可以选择仓库和商品类别，也可输入指定商品名称，若均为空则默认查询所有仓库中所有商品的系统库存。

（2）在"盘点库存"中手工录入实际库存数量，若与系统库存数量不一致，则自动显示盘盈盘亏数量：系统库存＜实际库存，盘盈为正；系统库存＞实际库存，盘亏为负。

（3）"导入盘点库存"：适用于盘点库存时，没有电脑或平板在身边；用户须"导出系统库存"（下载 Excel 表格），打印系统库存，并填写 Excel 表格中的实际库存列，然后导入到系统中。

（二）盘点单记录

盘点单记录用于记录所有填制的盘点单，可以按条件查找已保存的所有盘点单。

【操作步骤】

（1）在图 10-1 中，点击左侧主菜单栏中的【库存】→【盘点单记录】功能按钮，进入图 10-9 所示的"盘点单记录"界面。

图 10-9　盘点单记录界面

（2）查询。可以按照日期范围、商品、仓库进行单据查找；点击【展开高级搜索】功能按钮，可按商品类别查找，如图 10-10 所示。

（3）修改。点击盘点单记录列表的修改行图标，可打开编辑界面进行修改。

（4）删除。点击盘点单记录列表的删除行图标，可删除盘点单，也可以一次选择多个盘点单批量删除。

（5）导出。选择需要导出的单据，点击【导出】功能按钮可以Excel 表格的形式批量导出选择的单据。

图 10 – 10　盘点单查找界面

三、其他出库单

(一) 其他出库单

其他出库单是处理与主营业务收入无关的物品的出库及非销售类型的出库单据，比如销售材料、赔偿发出、以货抵债等出库类业务管理。

【业务描述】

1 月 15 日向湖南机械配置公司销售辅助材料 50 个，从原料仓库发出。

提示：该笔业务生成凭证时需点击【设置】→【系统设置】功能按钮，在"常用科目设置"中选择其他出库对方科目。

【操作步骤】

(1) 在图 10 – 1 中，点击左侧主菜单栏中的【库存】→【其他出库单】功能按钮，进入图 10 – 11 所示的"其他出库单"界面。

图 10 – 11　其他出库单界面

（2）录入客户、业务日期、仓库、单据编号，点击第一行"商品"下的空白框，出现【选择】功能按钮，点击【选项】功能按钮，弹出"选择商品"界面，如图 10 – 12 所示。点击图 10 – 12 中"全部分类"前面的【＋】功能按钮展开全部分类，点击【原材料】功能按钮，则右侧只显示属于"原材料"的商品，选中销售商品前的复选框，点击【确定】功能按钮。

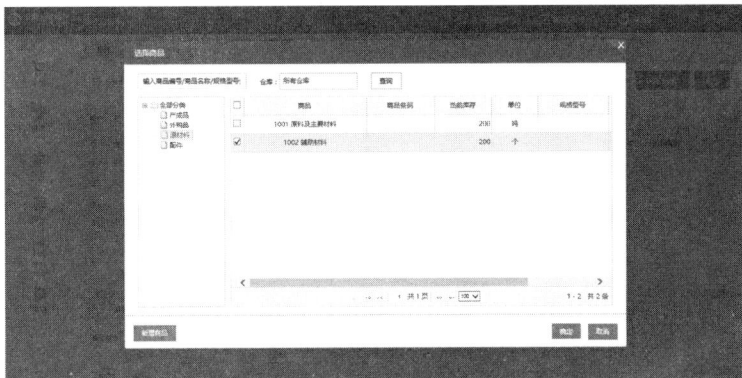

图 10 – 12　其他出库单选择商品界面

（3）录入数量，点击【保存】功能按钮，如图 10 – 13 所示。

图 10 – 13　录入数量界面

（4）点击在线财务右上角【进入在线财务】功能按钮，进入"在线财务"界面，如图 10 – 14 所示。

（5）点击左侧【进销存生成凭证】功能按钮，进入"进销存生成凭证"界面，点击单据类型左侧下拉按钮，选择"其他出库单"，选择适当的查询期间，点击【查询】功能按钮，显示该期能生成凭证的其他出库单，如图 10 – 15 所示。

图 10-14　在线财务界面

图 10-15　其他出库单查询结果界面

（6）在图 10-15 中，选中想要生成凭证的单据前的复选框，点击右上角的【生成凭证】功能按钮，会出现如图 10-16 所示结果，右下角弹出"凭证生成成功"提示，此时，该单据自动生成"凭证字号"。

图 10-16　其他出库单生成凭证界面

注意：其他出库单、其他入库单、结转销售成本这三种单据类型在业财一体生成凭证的前提是：进销存当期已经结账，否则不能生成。

（7）若需查看凭证，则点击左侧【凭证】→【查看凭证】功能按钮，进入查看凭证界面，查看刚才生成的凭证，双击该凭证可进入该凭证具体界面。

（二）其他出库单记录

按条件查找已保存的所有其他出库单。

【操作步骤】

（1）在图10-1中，点击左侧主菜单栏中的【库存】→【其他出库单记录】功能按钮，进入图10-17所示的"其他出库单记录"界面。

图10-17 其他出库单记录界面

（2）查询。可以按照日期范围、客户、仓库进行单据查询；点击【展开高级搜索】功能按钮，可按单据编号、商品查询，如图10-18所示。

图10-18 其他出库单查询界面

（3）修改。点击其他出库单记录列表的修改行图标，可打开编辑界面进行修改。

（4）删除。点击其他出库单记录列表的删除行图标，可删除其他出库单，也可以一次选择多个其他出库单批量删除。

（5）导出。选择需要导出的单据，点击【导出】功能按钮可以Excel表格的形式批量导出选择的单据。

（6）打印。选择需要打印的单据，点击【打印】功能按钮可按已预设的模板批量打印选择的单据。

四、其他入库单

（一）其他入库单

其他入库单是处理其他非采购类型的入库单据，比如获赠商品入库、获赔商品入库、以货抵债等不参与采购管理的入库类业务管理。

【操作步骤】

同"其他出库单"操作步骤。

（二）其他入库单记录

可以按条件查找已保存的所有其他入库单。

【操作步骤】

同"其他入库单"的操作步骤。

五、成本调整单

（一）成本调整单

成本调整单可以调整产品成本。

【业务描述】1月31日，调整辅助材料成本，调整金额2元。

【操作步骤】

（1）在图10-1中，点击左侧主菜单栏中的【库存】→【成本调整单】功能按钮，进入图10-19所示的"成本调整单"界面。

（2）录入业务日期、仓库，点击第一行"商品"下的空白框，出现【选择】功能按钮，点击【选项】功能按钮，弹出"选择商品"窗口，如图10-20所示。点击图10-20中"全部分类"前面的【+】功能按钮展开全部分类，点击【原材料】功能按钮，选中辅助材料前的复选框，点击【确定】功能按钮。

图 10 - 19　成本调整单界面

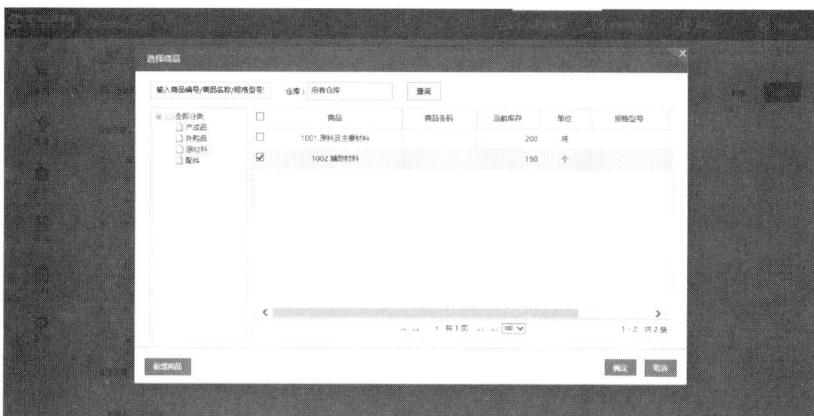

图 10 - 20　原材料选择界面

（3）录入调整金额，点击【保存】功能按钮，如图 10 - 21 所示。

图 10 - 21　录入调整金额界面

（二）成本调整单记录

按条件查找已保存的所有成本调整单。

【操作步骤】

（1）在图 10 - 1 中，点击左侧主菜单栏中的【库存】→【成本调整单记录】功能按钮，进入图 10 - 22 所示的"成本调整单记录"界面。

图 10 - 22 成本调整单记录界面

（2）查询。可以按照日期范围、仓库、单据号进行单据查询。

第三节 库存报表

本节主要介绍库存管理的报表，主要包括用来查询库存上下限预警、商品库存余额表、商品收发明细表、商品收发汇总表。

一、库存上下限预警

库存上下限预警统计显示截止到当前的商品的库存数量及最高库存和最低库存。

【操作步骤】

（1）在图 10 - 1 中，点击左侧主菜单栏中的【库存】→【库存上下限预警】功能按钮，进入图 10 - 23 所示的"库存上下限预警"界面。

10.3 库存报表

图 10 - 23　库存上下限预警界面

（2）查询。在【查询】功能按钮前的空白框中输入商品名称或规格型号或商品备注查询，点击【查询】功能按钮可以按条件把查询结果按商品编号排序显示在下面列表中。

（3）导出。点击【导出】功能按钮，可以把查询出的数据清单导出。

（4）打印。点击【打印】功能按钮，可以把查询出的数据清单打印出来。

二、商品库存余额表

商品库存余额表统计截止到当前的商品的库存数量、单位成本及库存成本。

【操作步骤】

（1）在图 10 -1 中，点击左侧主菜单栏中的【库存】→【商品库存余额表】功能按钮，进入图 10 -24 所示的"商品库存余额表"界面。

图 10 - 24　商品库存余额表界面

（2）查询。设置查询条件；商品、仓库如果空表示查找所有商品、仓库，可分别打开各选择框进行选择；可选择部分商品、仓库进行组合查询。查询条件设置后，点击【查询】功能按钮，按条件把查询结果按商品编号排序显示在下面列表中。

（3）导出。点击【导出】功能按钮，可以把查询出的数据清单导出。

三、商品收发明细表

商品收发明细表统计一段时间中商品的入库及出库的数量及金额。

【操作步骤】

（1）在图 10-1 中，点击左侧主菜单栏中的【库存】→【商品收发明细表】功能按钮，进入图 10-25 所示的"商品收发明细表"界面。

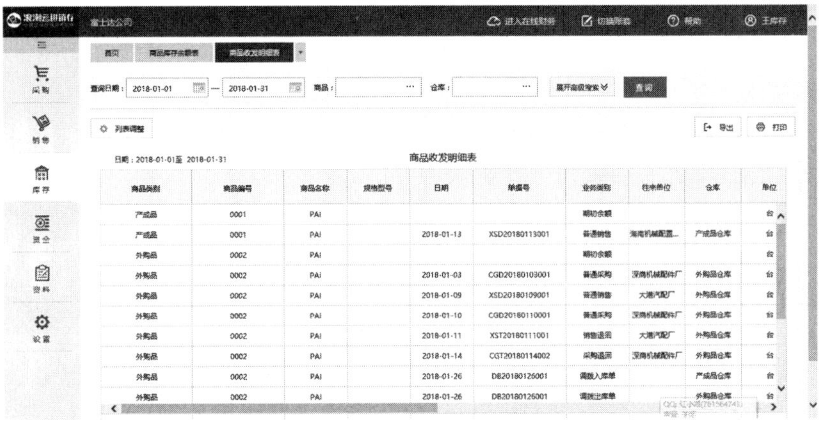

图 10-25　商品收发明细表界面

（2）查询。查询日期范围可以任意调整；商品、仓库如果空表示查找所有商品、仓库，可分别打开各选择框进行选择；可选择部分商品、仓库进行组合查询；点击【展开高级搜索】功能按钮，可按供应商、客户、商品类别、业务类别进行查询，如图 10-26 所示。查询条件设置后，点击【查询】功能按钮按条件把查询结果按商品编号排序显示在下面列表中。

（3）导出。点击【导出】功能按钮可以 Excel 表格的形式把查询出的数据清单导出。

（4）打印。点击【打印】功能按钮可按已预设的模板把查询出的数据清单打印。

图 10 – 26　商品收发明细表查询界面

【注意事项】

清单中显示的"出库单位成本"，是根据系统参数中选择的"存货计价方法"计算得出的；"入库单位成本"是单据中的不含税单价。

四、商品收发汇总表

商品收发汇总表统计一段时期内商品在各种业务类型下出入库的汇总数，可选择商品、仓库进行统计，也可挑选部分商品、仓库进行统计。

【操作步骤】

（1）在图 10 – 1 中，点击左侧主菜单栏中的【库存】→【商品收发汇总表】功能按钮，进入图 10 – 27 所示的"商品收发汇总表"界面。

图 10 – 27　商品收发汇总表界面

（2）查询。查询日期范围可以任意调整；商品、仓库如果空表示查找所有商品、仓库，可分别打开各选择框进行选择；可选择部分商品、仓库进行组合查询；点击【展开高级搜索】功能按钮，可按商品类别进行查询，如图 10 - 28 所示。查询条件设置后，点击【查询】功能按钮按条件把查询结果按商品编号排序显示在下面列表中。

图 10 - 28　查询界面

（3）导出。点击【导出】功能按钮，可以把查询出的数据清单导出。

（4）打印。点击【打印】功能按钮，可以把查询出的数据清单打印出来。

第十一章
资 金 管 理

教学目的及要求：

本章主要介绍资金管理的功能、资金单据的制作和资金报表查询的相关知识和操作方法等，了解浪潮云资金管理如何通过相关单据实现资金流的管控。本章要求掌握资金管理的相关单据制作和资金业财一体化操作，了解资金管理与云进销存子系统之间的关系。

第一节　资金管理概述

一、功能概述

企业资金管理在企业的生产经营各个环节都有重要的作用，合理的资金管理体系能够提高资金利用效率，保证企业不间断的生产经营活动，并为企业管理者根据资金的流向及监控情况提出合理使用资金的建议和措施，促进企业生产、技术、经营管理水平的提高。浪潮云进销存的资金管理主要分成两部分：资金单据、资金报表。资金单据又分为收款单、付款单、其他收入单、其他支出单以及相应记录；资金报表又分为现金银行报表、应收账款明细表、应付账款明细表、客户对账单、供应商对账单、往来单位欠款表及其他收支明细表。资金管理的主要功能包括：

（1）实现企业与供应商之间往来账项的核算与管理，以付款单据为依据，生成付款单，处理应付账款的支付情况。

（2）实现企业与客户之间业务往来账项的核算与管理，以收款单据为依据，生成收款单，记录销售业务及其他业务所形成的应收款项。

11.1 资金管理
概述

191

二、与其他系统的关系

资金管理系统是对企业全部的采购、销售及库存应付应收款项进行处理的管理系统，与云进销存的其他子系统、云会计中的总账有着数据传递联系：

（1）资金管理系统中对应付款项的处理与采购系统对应衔接，实现企业与供应商之间往来账项的核算与管理，以付款单据为依据，记录采购业务及其他业务所形成的往来款项，处理应付账款的支付情况，进行采购资金流管理，在采购系统可以查看应付款项是否得到及时处理。

（2）资金管理系统中对主营业务收入应收款项的处理与销售系统对应衔接，实现企业与客户之间业务往来账项的核算与管理，以收款单据为依据，记录销售业务及其他业务所形成的往来款项，实现对应收账款的管理，在销售系统可以查看应收款项是否得到及时处理。

（3）资金管理系统中对其他业务收入应收款项或其他业务支出应付款项的处理与库存系统对应衔接，处理库存管理系统的其他出库单及其他入库单。

第二节　资金单据

本节主要介绍资金管理的相关单据制作，包括收款单、付款单、其他收入单、其他支出单的填制以及对其相应的查询，资金数据与业财一体模块自动生成凭证的步骤，以实现资金与总账的同步。

一、收款单

收款单是描述向客户收取商品赊销货款或预收货款的业务行为凭据。此单据可处理企业销售收款、销售预收款、销售退款等业务，收款单还可以处理一张销货单分次收款，或一张收款单同时处理几张销货单的业务。填制的单据是用于登记现金银行报表、应收账款明细表、客户对账单、往来单位欠款表及其他收支明细表的凭证。

（一）收款单录入

【业务描述】

1月7日，签订销售订单。1月9日，签订销售单。向大港汽配

厂销售 30 台 PAI 设备，单价 19 000 元，商品从外购品仓库发出，并据此开具专用销售发票（ZY1237890）一张。当日将票据交给财务部门，结转此项业务的收入和成本（成本采用移动加权平均法）。1 月 11 日，大港汽配厂退回 2 台设备，入外购品仓库。1 月 11 日，收到大港汽配厂以支票（票号 ZP0215566212）的方式支付的所有货款。

11.2 资金单据

【操作步骤】

（1）点击左侧主菜单栏中的【资金】→【收款单】功能按钮，进入图 11 - 2 所示的"收款单"界面，单据编号自动生成。

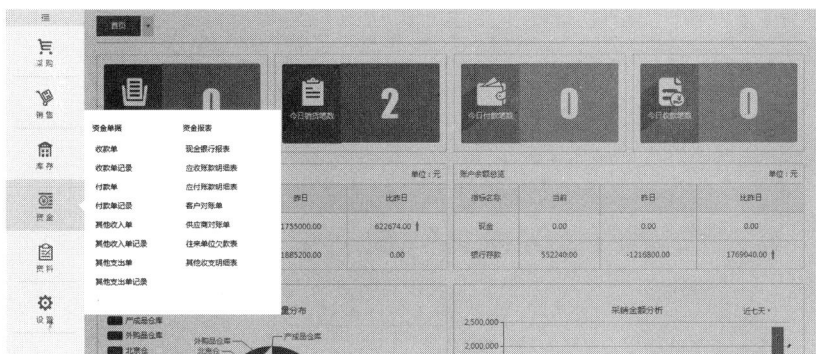

图 11 - 1 进入收款单方式界面

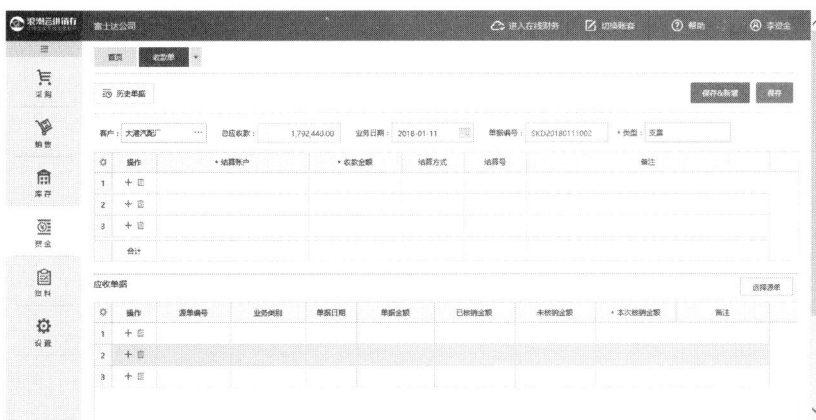

图 11 - 2 收款单界面

（2）点击客户一栏的【…】功能按钮即可进入"选择客户"界面，可以在左侧栏选择客户分类，进而筛选客户数量，选中"大港汽配厂"，点击【确定】功能按钮，如图 11 - 3 所示。

图 11 - 3　选择客户界面

（3）点击收款人的单元框，在出现的下拉列表中选中要选择的收款人"周大川"，如图 11 - 4 所示。点击业务日期栏，选择结算日期。

图 11 - 4　选择收款人界面

（4）点击【选择源单】功能按钮，如图 11 - 5 所示。

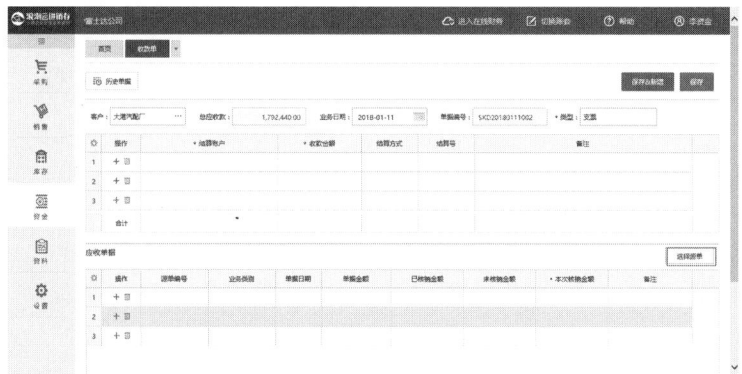

图 11 - 5　进入应收单据选择源单界面

（5）在应收单据选择源单界面，可以输入时间范围，也可以输入源单编号，点击【查询】功能按钮，如图 11 - 6 所示，选中该项业务涉及的源单前的复选框，点击【确定】功能按钮。

图 11 - 6　应收单据选择源单界面

（6）点击结算账户对应的单元框，弹出图 11 - 7 所示的下拉列表，显示所有的结算账户，选择"工商银行"。

图 11 - 7　选择结算账户界面

（7）输入收款金额，即所选源单的未核销金额，点击【结算方式】的单元框，会弹出所有的结算方式，选择"支票结算"。可以填入备注信息，完整的收款单如图 11 - 8 所示。

（8）点击【保存 & 新增】或【保存】功能按钮，保存当前录入的收款单，会弹出"保存成功"的对话框，提示已保存完成。

图 11 - 8　收款单完整信息界面

【注意事项】

（1）若是不需对应收款进行核销，选择客户→录入结算账户→录入收款金额→保存或保存并新增；若是需要对应收款进行核销，选择客户→录入结算账户→录入收款金额→选择源单→录入本次核销金额→保存或保存并新增。

（2）当没有对源单进行核销时，本次收款即为预收款。

（3）当需要对未收款的单据进行收款时，可选择源单，进行选择。

（4）本次预收款是本次实际收款大于核销金额的差额，比如本次收款1 500元，核销1 000元，则500元为预收款。

（5）当存在核销及折扣时，预收款 = 本次实际收款 - 本次核销金额。

（6）当处理退货造成的应收款退回时，如果账款未收，源单也选择原应收账款单及退货单，收款金额直接输入退货款之后的金额；如果退货发生在收款后，本次核销金额录入为负数。

（二）收款单记录

收款单记录可以按条件查找已保存的所有收款单。可以按照单据编号、客户名称、备注和日期范围查找单据，也可以选中一笔单据执行修改或删除操作。

【操作步骤】

（1）点击左侧主菜单栏中的【资金】→【收款单记录】功能按钮，进入收款单记录界面。

（2）设置查询条件，可以查询即定日期的相关收款单记录，也可以输入单号或商品或客户或备注，然后点击【查询】功能按钮，打开"收款单记录查询"界面，如5 图11 - 9所示。可以通过

▢ ▢ 功能按钮进行收款单据的修改或删除操作。

图 11 - 9　查询收款单界面

（3）可以点击【列表调整】功能按钮，选择想要显示的列表信息。可以编辑列别名，可以选择是否要显示某一列的信息，可以通过【前移】、【后移】功能按钮重新排列列名的显示顺序。也可以点击【恢复默认设置】功能按钮恢复到原来的列表顺序。

（4）如图 11 - 9 所示，显示结果的右上方有【新增】、【导出】、【打印】、【删除】功能按钮。点击【新增】功能按钮，会打开新的收款单界面，编制新的收款单；点击【导出】功能按钮，会自动以 Excel 表格的形式下载收款单历史记录表，如图 11 - 10 所示；选中想要打印的行前面的复选框，点击【打印】功能按钮，会弹出如图 11 - 11 所示的"打印设置"界面，选择打印模板，点击【确定】功能按钮即可完成打印。

图 11 - 10　导出结果界面

图 11 - 11　打印设置界面

【注意事项】

若在参数设置时勾选了【启用审核】功能按钮，在查询收款单界面【列表调整】功能按钮一行中，会有【审核】、【反审核】功能按钮出现在【新增】、【导出】、【打印】功能按钮的左侧。

二、付款单

付款单是向购货单位支付商品赊购货款或预付货款的业务行为，此单据可处理企业采购付款、采购预付款、采购退款等业务。付款单的制单、操作说明同收款单基本一致。填制的单据是用于登记现金银行报表、应付账款明细表、供应商对账单、往来单位欠款表及其他收支明细表的凭证。

（一）付款单

【业务描述】

1月10日，从深商机械配件厂购入 PAI 设备50台，每台 12 000元，当日验收入外购品仓库，货款尚未支付。1月11日，仓库反映有5台1月3日从深商机械配件厂购入的设备有质量问题，要求退回。1月14日，以支票（ZP0214455667）形式支付剩余货款。

【操作步骤】

（1）点击左侧主菜单栏中的【资金】→【付款单】功能按钮，弹出如图 11-12 所示的"付款单"界面，单据编号自动生成。

图 11-12 付款单界面

（2）点击客户一栏的【…】功能按钮即可进入"选择供应商"界面，可以在左侧栏选择供应商分类，进而筛选供应商数量，选中

"深商机械配件厂"即可，如图 11 – 13 所示。

图 11 – 13　选择供应商界面

（3）点击付款人的单元框，在出现的下拉列表中选中要选择的付款人"王成"，点击业务日期栏，选择结算日期。

（4）点击【选择源单】功能按钮，如图 11 – 14 所示。

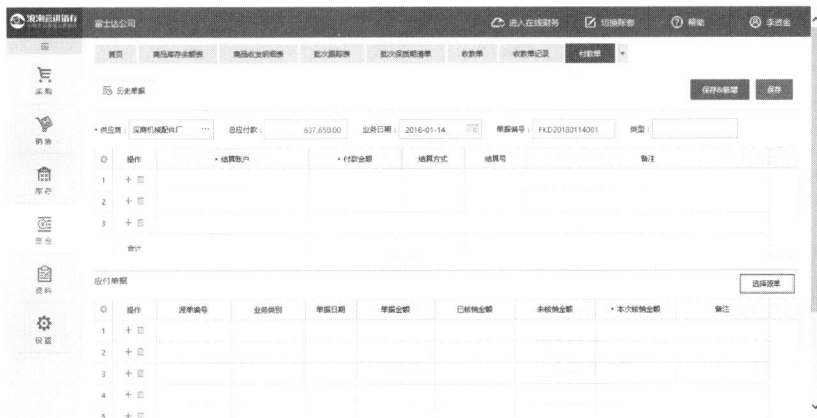

图 11 – 14　进入应付单据选择源单界面

（5）在选择源单界面，可以输入时间范围，也可以输入源单编号，点击【查询】功能按钮，如图 11 – 15 所示。选中所需要的源单，点击【确定】功能按钮。

（6）点击结算账户对应单元框，会出现下拉列表，显示所有的结算账户，选择"工商银行"。

（7）图 11 – 16 显示应付单据的合计金额及未核销金额，对输入付款金额提供参考，点击【结算方式】的单元框，会弹出所有的结算方式，选择"支票结算"。输入结算号，以及填入相应的备注信息，完整的付款单如图 11 – 17 所示。

图 11-15　应付单据选择源单界面

图 11-16　选择结算方式界面

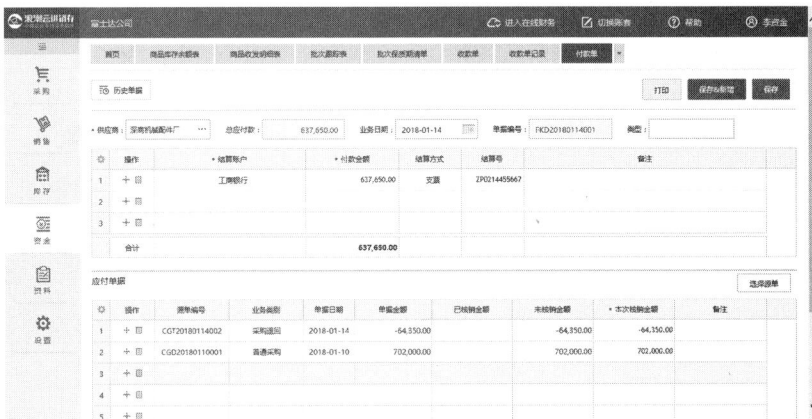

图 11-17　完整付款单界面

　　（8）点击【保存＆新增】或【保存】功能按钮，保存当前录入的收款单，会弹出"保存成功"的对话框，提示已保存完成。

　　【注意事项】

　　（1）若是不需对应付款进行核销，选择客户→录入结算账户→

录入付款金额→保存或保存并新增；若是需要对应付款进行核销，选择客户→录入结算账户→录入付款金额→选择源单→录入本次核销金额→保存或保存并新增。

（2）当没有对源单进行核销时，本次付款即为预付款。

（3）当需要对未付款的单据进行付款时，可选择源单，打开为结算完的应付单据明细，进行勾选。应付源单包括该供应商的期初应付款余额及未付完款的购货单据。

（4）本次预付款是本次实际付款大于核销金额的差额，比如本次付款 1 500 元，核销 1 000 元，则 500 元为预付款。

（5）当存在核销及折扣时，预付款 = 本次实际付款 − 本次核销金额。

（6）当处理退货造成的应付款退回时，源单也可以选择退货单，本次核销金额为负数，本次付款账户可录入负数。

（二）付款单记录

付款单记录可以按条件查找已保存的所有付款单。可以按照单据编号、供应商名称、备注和日期范围进行单据查找，也可以选中一笔单据执行修改、删除操作。

【操作步骤】

（1）点击左侧主菜单栏中的【资金】→【付款单记录】功能按钮，进入"付款单"界面。

（2）设置查询条件，可以查询即定日期的相关付款单记录，也可以输入单号或商品或客户或备注，然后点击【查询】功能按钮，打开"付款单记录查询"界面，如图 11 – 18 所示。可以通过

✎ 🗑 进行付款单据的修改或删除操作。

图 11 – 18　查询付款单界面

（3）【列表调整】、【新增】、【导出】、【打印】、【删除】功能按钮的具体功能见收款单记录。

【注意事项】

若在参数设置时勾选了【启用审核】功能按钮，在查询付款单界面【列表调整】功能按钮一行中，会有【审核】、【反审核】功能按钮出现在【新增】、【导出】、【打印】功能按钮的左侧。

三、其他收入单

其他收入单描述除主营业务外的其他业务收入。

（一）其他收入单

【业务描述】

1 月 15 日向湖南机械配置公司卖辅助材料 50 个，单价 750 元，已从原料仓库发出。1 月 17 日收到湖南机械配置公司以支票（票号 ZP0215566213）的方式支付的所有货款。

【操作步骤】

（1）点击左侧主菜单栏中的【资金】→【其他收入单】功能按钮，进入"其他收入单"界面，如图 11-19 所示，单据编号自动生成。

图 11-19　其他收入单界面

（2）点击客户一栏的【…】功能按钮，即可进入"选择客户"界面，可以在左侧栏选择客户分类，进而筛选客户数量，选中"湖南机械配置公司"，点击【确定】功能按钮，如图 11-20 所示。

（3）点击收款人的单元框，在下拉列表中选中要选择的收款人"周大川"，点击业务日期栏，选择结算日期。

图 11 - 20　其他收入单选择客户界面

（4）点击"收入类别"栏下的第一个空白框，在下拉列表中选中"其他业务收入"，如图 11 - 21 所示，结算账户选择"工商银行"，输入收入金额，以及输入相应的备注信息，如图 11 - 22 所示。

图 11 - 21　选择收入类别界面

图 11 - 22　其他收入单完整信息界面

（5）点击【保存＆新增】或【保存】功能按钮，保存当前录入的其他收入单，会弹出"保存成功"的对话框，提示已保存完成。

（二）其他收入单记录

其他收入单记录可以按条件查找已保存的所有其他收入单。可以按照单据编号、供应商名称、备注和日期范围进行单据查找，也可以选中一笔单据执行修改、删除操作。

【操作步骤】

（1）点击左侧主菜单栏中的【资金】→【其他收入单记录】功能按钮，进入"其他收入单记录"界面。

（2）设置查询条件，可以查询即定日期的相关其他收入单记录，也可以输入单号或商品或客户或备注，然后点击【查询】功能按钮，打开"其他收入单记录查询"界面，如图 11 - 23 所示。可以通过

🗹 🗑 功能按钮进行收款单据的修改或删除操作。

图 11 - 23　其他收入单记录查询结果界面

（3）【列表调整】、【新增】、【导出】、【打印】、【删除】功能按钮的具体功能见收款单记录。

【注意事项】

若在参数设置时勾选了【启用审核】功能按钮，在查询其他收入单界面【列表调整】功能按钮一行中，会有【审核】、【反审核】功能按钮出现在【新增】、【导出】、【打印】功能按钮的左侧。

四、其他支出单

其他支出单的相应编制步骤与其他收入单非常接近，在此不再赘述。其他支出单记录的相应查询及相应操作与其他收入记录单非常相近，在此不再赘述。

五、资金业财一体化

浪潮云会计可以对收款付款业务一键生成凭证。

【操作步骤】

（1）点击菜单栏【进入在线财务】功能按钮，进入"控制单"界面，如图 11 - 24 所示。

图 11 - 24 控制单界面

（2）点击左侧主菜单栏中的【业财一体】→【进销存生成凭证】功能按钮，进入"进销存生成凭证"界面，然后点击单据类型下拉列表，选择"其他收入单"，选择适当的查询期间，点击【查询】功能按钮，显示该期能生成凭证的收款单，查询结果如图 11 - 25 所示。

图 11 - 25 其他收入单查询结果界面

（3）在图 11 - 25 中，选中想要生成凭证的单据前的复选框，点击右上角的【生成凭证】功能按钮，会出现如图 11 - 26 所示的结果，右下角弹出"凭证生成成功"提示，此时可发现，该单据自动生成"凭证字号"。

图 11 - 26 其他收入单生成凭证界面

（4）点击【凭证】→【查看凭证】功能按钮，进入查看凭证界面，可以查看已生成凭证，双击该凭证可进入该凭证具体界面，进行修改等操作。

（5）其他的收款单、付款单、其他收入单及其他支出单的凭证也可按上述步骤生成。

第三节 资金报表

本节主要介绍资金管理的报表，主要包括现金银行报表、应收账款明细表、应付账款明细表、客户对账单、供应商对账单、往来单位欠款表及其他收支表明细表。

一、现金银行报表

现金银行报表主要用来统计一段时期内各账户的资金流入和流出记录及账户余额。可以查询已有的单据，查询条件设置后，点【查询】功能按钮就可显示出查询结果；查询结果按账户编号排序；点击某行中的单据编号，可打开该张单据查看；账户记录来源有购货单、销货单、收款单、付款单以及账户期初余额。

【操作步骤】

（1）点击左侧主菜单栏中的【资金】→【现金银行报表】功能按钮，进入"现金银行报表"界面，如图 11 -27 所示。

11.3 资金报表

图 11 -27 现金银行报表界面

（2）然后设置查询条件，选择日期范围，可以附加选择客户、供应商名称，也可以点击【展开高级搜索】功能按钮，选择结算账户，然后点击【查询】功能按钮，出现现金银行报表查询结果，如图 11 - 28 所示。查询结果按账户编号排序。

图 11 - 28　现金银行报表查询界面

（3）【列表调整】和【导出】功能按钮的具体功能见收款单记录，点击【打印】功能按钮，会弹出一个新的预览界面，可以进行预览打印。如图 11 - 29 所示。

图 11 - 29　现金银行报表打印预览界面

二、应收账款明细表

应收账款明细表主要统计一段时期内客户的应收账款、预收账款的增加和减少及余额。可以查询应收账款的单据，查询条件设置后，点击【查询】就可显示出查询结果。

【操作步骤】

（1）点击左侧主菜单栏中的【资金】→【应收账款明细表】功能按钮，进入"应收账款明细表"界面，如图 11-30 所示。

图 11-30 应收账款明细表界面

（2）然后设置查询条件，选择日期范围，可以附加选择客户、选择类别进行相应类别的查询（默认全部分类），然后点击【查询】功能按钮，结果如图 11-31 所示。若选中类别中的"代销"，查询结果如图 11-32 所示。

（3）【列表调整】、【导出】和【打印】功能按钮的具体功能见现金银行报表描述。

图 11-31 应收账款明细表界面

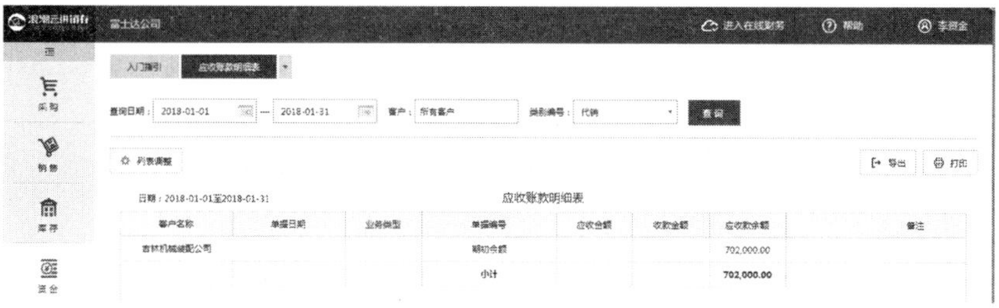

图 11 - 32 代销类别应收账款明细表界面

三、应付账款明细表

应付账款明细表主要统计一段时期内供应商的应付账款、预付账款的增加和减少及余额。也可以查询应付单据记录，查询条件设置后，点击【查询】功能按钮就可显示出查询结果；查询结果按客户编号排序。

【操作步骤】

（1）点击左侧主菜单栏中的【资金】→【应付账款明细表】功能按钮，进入"应付账款明细表"界面，如图 11 - 33 所示。

图 11 - 33 应付账款明细表界面

（2）设置查询条件，选择日期范围，可以附加选择供应商、选择类别进行相应类别的查询，若在类别编号中选择"深商机械配件厂"，然后点击【查询】功能按钮，结果如图 11 - 34 所示。

（3）【列表查询】、【导出】和【打印】功能按钮的具体功能见现金银行报表描述。

图 11 - 34　深商机械配件厂应付账款明细界面

四、客户对账单

客户对账单主要用于统计一段时期内某客户的应收账款、实际收款的增加和减少及余额。查询条件设置后，点击【查询】就可显示出查询结果；查询结果按单据日期排序。

【操作步骤】

（1）点击左侧主菜单栏中的【资金】→【客户对账单】功能按钮，进入"客户对账单"界面。

（2）输入查询时间范围，点击【销货单位】的单元框，选择"大港汽配厂"，点击【查询】功能按钮，即可查看客户对账单，如图 11 - 35 所示。点击【显示商品明细】前的复选框（默认为不显示已收款商品明细），可以查看商品明细，如图 11 - 36 所示。

（3）【列表查询】、【导出】和【打印】功能按钮的具体功能见现金银行报表描述。

图 11 - 35　客户对账单界面

图 11-36 显示商品明细的客户对账单界面

【注意事项】

（1）销货单位为必选项，只能选择一个客户查询。

（2）"应收金额"为销货单未结算金额及核销单中转入或转出金额；"实际收款金额"为销货单和收款单中有账户结算的收款金额。

五、供应商对账单

供应商对账单统计一段时期内某供应商的应付账款、实际付款的增加和减少及余额。查询条件设置后，点击【查询】功能按钮就可显示出查询结果。

【操作步骤】

（1）点击左侧主菜单栏中的【资金】→【供应商对账单】功能按钮，进入"供应商对账单"界面。

（2）输入查询时间范围，点击【供应商】的单元框，选择"深商机械配件厂"，点击【查询】功能按钮，即可查看供应商对账单，如图 11-37 所示。点击【显示商品明细】前的复选框（默认为不显示已付款商品明细），可以查看商品明细，如图 11-38 所示。

图 11-37 供应商对账单界面

图 11 - 38　显示商品明细的供应商对账单界面

(3)【列表查询】、【导出】和【打印】功能按钮的具体功能见现金银行报表描述。

【注意事项】

(1) 购货单位为必选项，只能选择一个供应商查询。

(2) 勾选显示商品明细，可列出购货单分录。

(3) "应付金额" 为购货单未结算金额及核销单中转入或转出金额；"实际付款金额" 为购货单和付款单中有账户结算的付款金额。

六、往来单位欠款表

往来单位欠款表统计截止到当前客户的应收款余额，供应商的应付款余额。查询条件设置后，点击【查询】功能按钮就可显示出查询结果；显示各供应商应付款、客户单位应收款等单位欠款表。

【操作步骤】

(1) 点击左侧主菜单栏中的【资金】→【往来单位欠款表】功能按钮，进入"往来单位欠款表"界面，如图 11 -39 所示。

图 11 -39　往来单位欠款表界面

（2）设置查询条件，可以输入客户或供应商的名称或编号，选中"客户"或"供应商"前面的复选框，点击【查询】功能按钮，即可查看往来单位欠款表。

【注意事项】

（1）客户、供应商名称如果空，且不勾选客户、供应商选项，表示查找所有客户、供应商。

（2）可输入客户、供应商编号或名称的部分字符进行查询，查询结果为包含该字符的所有客户、供应商的余额。

（3）若选择客户或供应商的选项，则只查询客户或供应商余额。

七、其他收支明细表

其他收支明细表主要统计一段时期内其他收入或其他支出金额的增加和减少及余额。查询条件设置后，点击【查询】功能按钮就可显示出查询结果。

【操作步骤】

（1）点击左侧主菜单栏中的【资金】→【其他收支明细表】功能按钮，进入"其他收支明细表"界面。

（2）设置查询条件，选择日期范围，可以输入客户或供应商的名称或编号，默认"收支类型"是全部类别，点击【查询】功能按钮，结果如图11-40所示。也可以选择"收支类型"单元框中的类别，例如，选择"其他收入"→"其他业务收入"，显示结果如图11-41所示。

图11-40　其他收支明细表——全部类别界面

图11-41　其他收支明细表——个别类别界面

附　　录

华盛有限责任公司是一家在中国境内注册成立的零售业有限责任公司，是增值税一般纳税人，适用的增值税税率为17%，适用的企业所得税税率为25%，执行2007企业会计准则。该公司只销售一种产品，只需一种辅助材料，辅助材料和产品出库均采用移动加权平均法计价，假定辅助材料和产品均在出库时结转成本。所有固定资产均直线法计提折旧，预计净残值率均为10%。采用资产负债表债务法核算所得税费用，假定所有递延所得税资产和递延所得税负债均满足确认条件，所有增值税发票已通过主管税务机关认证。

请结合以上信息，为华盛公司建账并完成以下操作。

【提示】未要求设置明细科目的，填制凭证时一律使用一级科目。

一、总账部分

（一）基础设置

1. 企业注册信息

项目名称	项目内容
公司名称	华盛有限责任公司
联系人	钱国庆
手机号	（用户自己手机号）
验证码	（用户通过手机获取的验证码）
密码	1111

2. 企业账套信息

账套项目名称	账套项目内容
公司名称	华盛有限责任公司
经营地址	天津市

续表

账套项目名称	账套项目内容
联系人	钱国庆
税号	111109878927654
建账月份	2018 年 1 月
会计制度	2007 企业会计准则
增值税	一般纳税人
行业	零售业

3. 员工管理

员工姓名	角色
李丽	主管
周招	员工
吴皓	员工
郑莫	员工
王鑫	员工

4. 会计科目设置

科目编码	科目名称	余额方向	计量单位	辅助核算
1002	银行存款	借		
1002001	工商银行	借		
1403	原材料	借	公斤	数量
1403001	辅助材料	借	公斤	数量
1405	库存商品	借	件	数量
1122	应收账款	借		客户
2202	应付账款	贷		供应商
6602	管理费用	借		
6602023	存货盘亏	借		

5. 客户

客户编码	客户名称
0001	海通商务有限公司
0002	昌运商贸有限公司

6. 供应商

供应商编码	供应商名称
0001	甲供应商
0002	乙供应商

7. 部门设置

部门编号	部门名称
0001	办公室
0002	采购部
0003	销售部
0004	仓管部
0005	财务部

8. 员工设置

员工编码	员工姓名
0001	李丽
0002	周招
0003	吴皓
0004	郑莫
0005	张鑫

9. 期初余额

科目名称	期初余额（借）（元）	科目名称	期初余额（贷）（元）
银行存款——工商银行	132 258 750	累计折旧	9 750 000
原材料——辅助材料	（500 公斤）55 000	累计摊销	500 000

续表

科目名称	期初余额（借）（元）	科目名称	期初余额（贷）（元）
库存商品	（500 台）5 000 000	预计负债	85 000
固定资产	20 000 000	实收资本	100 000 000
无形资产	3 000 000	法定盈余公积	5 000 000
递延所得税资产	21 250	未分配利润	45 000 000
合计	160 335 000	合计	160 335 000

（二）总账日常业务（根据以下交易和事项填写并审核凭证）

1. 总账业务

（1）1 月 1 日。公司购买办公用品 1 000 元，增值税为 170 元，以转账支票方式支付。

（2）1 月 5 日，销售部吴皓预借差旅费 3 000 元，以现金支付。

（3）1 月 8 日，公司从乙供应商处购买了 100 公斤辅助材料，售价为每公斤 115 元；当日验收入原材料仓库，货款当日支付。

（4）1 月 10 日，公司支付广告费，增值税专用发票注明价税合计为 5 300 元。企业以转账支票支付。

（5）1 月 15 日，向海通商务有限公司销售产品 400 台，不含税单价 14 000 元，开具增值税专用发票，款项未收。

（6）1 月 31 日，结转本月职工薪酬。上年月平均应付工资总额为 270 000 元，其中销售人员 130 000 元，管理人员为 140 000 元。

（7）1 月 31 日，通过银行存款发放本月职工工资。

【操作步骤】

①进入总账模块，录入基础设置和期初余额。

②将业务（1）到业务（7）逐笔录入凭证。

2. 固定资产业务

1 月 31 日，计提本月折旧。已知固定资产原值 20 000 000 元，预计净残率 10%，预计使用年限 15 年，至上月已连续累计计提 5 年折旧。

【操作步骤】

（1）进入固定资产模块，录入固定资产期初余额。

（2）在期末点击生成计提折旧凭证。

（三）期末处理

注意：期末处理部分应当在完成进销存部分后依据下述步骤依次进行。

1. 审核

【操作步骤】

对所有填制的凭证进行审核。

2. 期末结转

【操作步骤】

进入凭证模块中的期末结转部分，结转当期的损益，并生成凭证，对新生成凭证进行审核。

3. 结账

当本期所有凭证记账审核后，执行结账处理。

二、进销存部分

（一）基础设置

1. 用户管理

员工编码	员工姓名	权限
0001	李丽	主管
0002	周招	采购
0003	吴皓	销售
0004	郑莫	库存
0005	张鑫	资金

2. 系统参数

在功能参数中启用审核

3. 类别设置

（1）供应商类别：成品供应商、原料供应商。

（2）客户类别：批发、零售。

（3）商品类别：原材料、成品。

（4）收入类别：主营收入、其他收入。

（5）支出类别：主营支出、其他支出。

4. 结算方式

现金、银行存款

5. 计量单位

台、件

6. 供应商管理

供应商编码	供应商名称	所属分类
0001	甲供应商	成品供应商
0002	乙供应商	原料供应商

7. 客户管理

客户编码	客户名称	所属分类
0001	海通商务有限公司	批发
0002	昌运商贸有限公司	零售

8. 仓库管理

仓库编号	仓库名称
0001	成品仓库1
0002	成品仓库2
0003	原材料库

9. 商品管理

商品编号	商品名称
0001	服务器
0002	辅助材料

10. 账户管理

账户编号	账户名称	账户类别
0001	库存现金	现金
0002	工商银行	银行存款

11. 职员管理

职员编号	职员名称	电话
1001	王大海	13611111111
1002	张大川	13722222222
1003	于琪	13833333333

（二）进销存日常业务（根据以下交易和事项填写并审核凭证）

1. 采购业务

（1）1月3日，从甲供应商购入产品50台，每台11 000元，当日验收入成品仓库1，同时收到专用发票一张，并以支票（ZP02177889992）形式支付货款。

（2）1月10日，从甲供应商购入产品50台，每台12 000元，当日验收入成品仓库2，货款尚未支付。

（3）1月11日，仓库反映有5台1月10日从甲供应商购入的设备有质量问题，要求退回。

（4）1月14日，以支票（ZP00298877321）形式支付剩余货款。

【操作步骤】

①进入采购模块，录入采购入库单和退货单。

②进入业财一体模块，通过系统自动生成采购业务凭证。

③进入资金模块，填制付款单。

2. 库存业务

（1）1月22日，由于业务需要，将成品仓库1中的15台产品调拨到成品仓库2。

（2）1月23日，向昌运商贸有限公司销售辅助材料20公斤。

（3）1月31日，仓库进行盘点，发现成品仓库1盘亏5台产品。

【操作步骤】

①进入库存模块，录入调拨单，其他出库单和盘点单。

②进入业财一体模块，通过系统自动生成其他出库单凭证。

3. 销售业务

（1）1月9日，向海通商务有限公司销售230台服务器，单价20 000元，商品从成品仓库1发出，并据此开具专用销售发票（ZY1237890）一张。当日将票据交给财务部门，结转此项业务的收入和成本。

（2）1月11日，海通商务有限公司退回2台设备，入成品仓库1。

（3）1月13日，收到海通商务有限公司以支票的方式支付的所有货款。

（4）1月25日，向昌运商贸有限公司销售服务器30台，单价22 000元，由成品仓库2发出，并开具专用销售发票一张。当日收到昌运以支票（ZP02177889992）形式支付的货款。

【操作步骤】

①进入销售模块，录入销售单、退货单。

②进入业财一体模块，通过系统自动生成销售业务凭证。

③进入资金模块，填制收款单。

主要参考文献

[1] 秦荣生:《大数据、云计算技术对审计的影响研究》,载于《审计研究》2014年第6期。

[2] 樊燕萍、曹薇:《大数据下的云会计特征及应用》,载于《中国流通经济》2014年第6期。

[3] 段楠:《对会计电算化向会计信息化过渡的研究》,山西财经大学,2013年。

[4] 杨周南、赵纳晖、高宁:《信息技术在会计和审计实务中的应用》,清华大学出版社2003年版。

[5] 马建军:《财务共享实训教程》,电子工业出版社2017年版。

[6] 赵津:《浅析网络技术支持下的电子支付方式》,载于《电子商务》2009年第9期。

[7] 张虹:《我国电子商务的发展趋势》,载于《现代营销》2017年第9期。

[8] 张红星:《移动支付企业运营管理中的风险和对策分析》,载于《全国流通经济》2017年第21期。

[9] 吉昱茜:《XBRL产业系统发展研究》,中国财政科学研究院硕士学位论文,2014年。

[10] 周成龙:《大数据时代背景下电子档案管理发展的思考》,载于《兰台世界》2017年第S2期。

[11] 周雪菲、李学荣:《浅谈电子发票的推广对财务人员今后工作的影响》,载于《中小企业管理与科技》2017年第7期。

[12] 关硕:《云会计下企业信息安全问题及对策》,载于《商业会计》2017年第5期。

[13] 赵鑫、吕维平:《云环境下中小企业会计信息安全问题探讨》,载于《商业会计》2014年第7期。

[14] 程平、何雪峰:《"云会计"在中小企业会计信息化中的应用》,载于《重庆理工大学学报(社会科学)》2014年第1期。

[15] 蔡立新、王垒垒:《云会计服务的现实需求、功能定位与实施路径》,载于《财会月刊》2016年第19期。

[16] 吉燕:《会计电算化——从入门到精通》,机械工业出版社2015年版。

［17］黄辉:《会计电算化》,东北财经大学 2013 年版。

［18］杨周南、刘梅玲:《会计信息化标准体系构建研究》,载于《会计研究》2011 年第 6 期。

［19］程平、蒋雨:《大数据时代基于云会计的集团企业资金管理》,载于《会计之友》2015 年第 10 期。

［20］韩新鸿:《大数据时期云会计下的集团企业资金管理研究》,载于《全国流通经济》2017 年第 28 期。